Henning Schröder

Die Welt fängt vor der Haustür an

FSC
www.fsc.org
MIX
Papier aus verantwortungsvollen Quellen
Paper from responsible sources
FSC® C105338

Henning Schröder

Die Welt fängt vor der Haustür an

Mit dem Fahrrad auf Reisen – 7 Tagebücher

Henning Schröder, geboren 1953 in Lübeck, aufgewachsen in Kiel, ist evangelischer Pfarrer im Ruhestand und wohnt im Süden Hessens; er ist verheiratet und hat vier erwachsene Kinder und drei Enkel. Er ist gern in der Welt unterwegs. Er war mit seiner Familie ein Jahr in Brasilien und vier Jahre in Argentinien, wo er als Vikar und als Pfarrer gearbeitet hatte. Am liebsten ist er mit dem Fahrrad auf Reisen. Dass die Welt schon vor der eigenen Haustür anfängt und die schönsten und spannendsten Abenteuer bereithält, stellt er in diesem Buch dar, indem er heiter erzählend sieben Reisen beschreibt. Schon eine kurze Tour von nur einer Woche bis zehn Tagen Dauer ist voll von interessanten Begegnungen mit Menschen und Tieren, Kultur und Geschichte, Landschaften und Wetter. In den Reiseerzählungen versteckt entdecken der Leser und die Leserin auch ganz praktische Tipps, zum Beispiel wie man im Schlafsack Reis kocht.

2. überarbeitete und erweiterte Auflage 2021
Herstellung und Verlag:
BoD – Books on Demand, Norderstedt.
ISBN 9783754332856

Inhalt Seite

Augen auf und los!

Vorwort zur 1. Auflage 2007

Mit dem Fahrrad um die Welt zu reisen, davon träume ich schon lange. Familie und Beruf lassen es nicht zu, diesen Traum zu verwirklichen, aber ein kleines Stückchen doch, denn die Welt fängt ja vor der eigenen Haustür schon an.

Alle zwei Jahre nehme ich mir frei, nicht nur von der Arbeit, wie es üblich ist, wenn man Urlaub nimmt, sondern auch frei von der Familie. Ich steige auf mein Rad und fahre eine Woche lang in die Welt; ich bin für mich allein und kann abschalten vom normalen Alltag und ganz neue Erfahrungen machen. Über so eine Fahrt Tagebuch zu schreiben, darauf bin ich zunächst gar nicht gekommen. Diese Idee hatte ich erst, als ich auf dem Weg zur Konfirmation meines Patenkindes eine Strecke von etwa 700 Kilometern zurücklegte. „Das Tagebuch von dieser Reise, das wäre ein schönes Konfirmationsgeschenk“, dachte ich und verpflichtete mich selbst, dann auch fleißig zu schreiben. Mir hat das Schreiben meines ersten Tagebuches so viel Spaß gemacht, dass ich dann bei jeder weiteren Fahrt, die ich allein mit dem Rad unternahm, den Bleistift zückte und schrieb. Daraus ist dann dieses Büchlein entstanden. Vier „Welt-Reisen“ von jeweils einer Woche zeigen, wie weit ich in sieben bis acht Tagen gekommen bin - und von der Welt habe ich eine ganze Menge gesehen. Die Landschaftsbeschreibungen geben dem Leser Anstöße, die eigenen Augen offen zu halten. Die vielen Begegnungen mit Menschen und Tieren, mit Kultur und Geschichte können ganz andere sein für den Leser, aber er soll wissen: Wenn er sich auf sein Rad schwingt, die Welt zu entdecken, dann kommen die Überraschungen

und die vielen kleinen Abenteuer ganz von selbst, er muss nur ein wenig offen sein für alles, was ihm begegnet, und vielleicht bekommt er Lust, auch all das aufzuschreiben.
Dieses Buch ist kein Reiseführer, der umfassend darstellt, was es auf dem Weg alles zu besichtigen gibt, sondern ist mein ganz persönliches Erleben. Erzählte Erlebnisse, die ich notiere, sind für mich später wertvoller als Fotos. „Ach ja, so war's", denke ich, wenn ich in einem meiner Tagebücher blättere und alles wird wieder lebendig: Unterschiedliche Gerüche bei dieser oder jener Begebenheit - oder wenn ich etwas Besonderes gegessen oder getrunken hatte, dann legt sich heute noch dieser Geschmack von damals auf meine Zunge. Bilder setzen sich zusammen von Gesichtern und Landschaften und ich höre wieder den Tonfall der Stimmen der Menschen, mit denen ich sprach. Fotos schieße ich auch, Bilder sind eine schöne Ergänzung für das Geschriebene, können aber nicht alles sein. Wenn ich manchmal alte Fotos finde und ich habe nichts dazu aufgeschrieben, dann weiß ich oftmals nicht mehr, wo und wann das war, was ich dort sehe; das ist schade.
Die erste Reise zu meinem Patenkind begann in Brachttal, die anderen drei in meinem späteren Wohnort Rodenbach. Beide Orte liegen im Main-Kinzig-Kreis, also ziemlich in der Mitte von Deutschland, von hier aus kann man gut starten, um in alle Himmelsrichtungen zu radeln und möglichst viele verschiedene Landschaften in unserem Land kennen zu lernen und hier und da auch einmal die Grenze zu den Nachbarn zu überschreiten. Der geographische Mittelpunkt der Europäischen Union befindet sich in diesem Jahr 2007 übrigens auch im Main-Kinzig-Kreis: In Meerholz, einem Ortsteil der Stadt Gelnhausen.

Pressestimmen zur 1. Auflage

Der Leser erfährt vieles über Begegnungen mit Menschen und über Gedanken, die nur in der Einsamkeit des Radlers entstehen können. Ganz nebenbei gibt es noch eine Menge Tipps für Leute, die auch einmal solch ein Abenteuer per Fahrrad bestehen möchten.
Hanauer Anzeiger

Unterhaltsam geschrieben und flüssig zu lesen machen die Berichte Lust, es dem Radler gleichzutun.
Gelnhäuser Neue Zeitung

In seinem Buch hat der sportbegeisterte Teilzeit-Vagabund Reisegeschichten und Begegnungen festgehalten - eine charmante und lebendige Sammlung, die Lust macht, die Heimat selbst auf dem Drahtesel zu erkunden.
RADtouren

Das höchste Gefühl von Freiheit

Vorwort zur aktuellen 2. Auflage 2021

Inzwischen sind in diesem Buch nicht vier, sondern sieben Tagebücher gesammelt. Zwei Tagebücher, die ich als selbstständige Büchlein herausgegeben hatte, „Reise zum Schatz im Silbersee“ und „1000 Kilometer Dämme, Dünen, Deiche“ sind jetzt in diesem Band mit abgedruckt; dazu kommt ein neues, bisher noch nicht veröffentlichtes Tagebuch: „Brücken, Pättkes und dann Berge“. Das Wagnis, ohne Sicherheiten, ohne genaues Wissen darüber, was geschehen wird, einen Weg zu gehen, finde ich faszinierend. Das ist für mich das höchste Gefühl von Freiheit. Deshalb reise ich gerne so, ohne dass vorher schon alles fertig gebucht und geplant ist, am liebsten mit dem Fahrrad. Die Unsicherheit begleitet mich: Wo kann ich heute Abend mein Zelt aufbauen? Oder: Wo finde ich heute wieder ein Hotel oder eine Pension zum Übernachten? Ich weiß es nicht, und doch vertraue ich darauf, dass es einen Platz geben wird, wie es ihn bisher immer gegeben hat. Freiheit in Sicherheit kann es nicht geben, dann wäre sie keine Freiheit. Diese Unsicherheit und dieses Vertrauen machen mich offen für beeindruckende Erlebnisse, offen für die Menschen, denen ich auf dem Weg begegne und die mir weiterhelfen, wenn ich mich mal verfahren habe, offen für die Lebensäußerungen der Natur, die mich umgibt, offen für das Vertrauen, alles wird gut, anders ausgedrückt: offen für Gott, der letztlich alles in seiner Hand hält. Die Dichterin Antje Sabine Naegeli beschreibt diese Erfahrungen auf einem Weg sehr schön mit folgenden Worten: „Wanderer du zwischen Angst und Vertrauen, beladen mit der Ungewissheit, ob dir Herberge bereitet ist, wenn die Nacht hereinbricht. Immer wieder verlierst du ihn aus den Augen, den Weggefährten. Immer wieder holt er dich ein.“ (Antje Sabine Naegeli, Die Nacht ist voller Sterne, Seite 23, Verlag Herder, Freiburg 2001). So ist für mich eine Reise, auf der ich bewusst Unsicherheiten in Kauf nehme, ein Symbol für das richtige Leben, voller Unsicherheiten, aber auch voller Überraschungen. Langeweile kann es so gar nicht geben. Das Leben ist voller Leben. Eine Reise mit dem Fahrrad ist eine Meditation der Lebensfülle und stärkt mein Vertrauen auf Gott, der für mich sorgt. Ich sammle dabei neue Kraft für die Aufgaben des Alltags.

Eisiger Nord-Ost-Wind und blühender Raps

auf dem Weg zur Konfirmation meines Patenkindes nach Raisdorf bei Kiel

Freitag, 14. Mai – Erst mal an die Fulda

Lieber Jan!

Du hast mich zu deiner Konfirmation eingeladen und ich komme; ich bin unterwegs zu deinem Fest, unterwegs mit dem Fahrrad. Ich will aus eigener Kraft zu dir gelangen. Das braucht Zeit. Resturlaub aus dem vorigen Jahr macht es möglich.
Beim Packen fängt es schon an, dass die alltäglichen Sorgen und Problemchen, der Stress und das Chaos auf meinem Schreibtisch immer kleiner werden. Wenn du dich aus eigener Kraft auf einen Weg machst, musst du ja alles, was du mitnimmst, selbst fortbewegen. Jedes Kilo zu viel hindert dich. Also packst du nur das Nötigste (das Nötigste!) ein. Alles, was dich beschwert, bleibt zurück, wenn dein Weg dann anfängt.
Früh stehe ich auf. Meine Frau Jutta kommt im Bademantel zum Frühstück. Während ich das Fahrrad, fertig bepackt, aus dem Keller auf den Hof schiebe, schmiert Jutta mir noch ein Brötchen für unterwegs. Ein Kuss zum Abschied, meine jüngste Tochter Joana öffnet das Fenster und ruft: „Tschüß, Papa!“ Aufgestiegen, nochmals zurückgeblickt und gewunken und ich bin um die Ecke verschwunden. Durch die Sandwerkstraße geht es in den Birsteiner Wald. Das Wetter ist ziemlich trübe und die Luft sehr kühl. Nach wenigen Minuten muss ich aber schon absteigen und meine Jacke ausziehen, denn

der Weg führt bergauf und bringt mich ins Schwitzen. Über die Steigungen des Vogelsberges suche ich den Weg zum Fluss, der Fulda.
An den Flüssen kannst du am besten Rad fahren; es gibt kaum Steigungen. Das Wasser zeigt dir den leichtesten Weg. Aber erst musst du einmal dorthin kommen. Manche Wege beginnen vor einem Berg, den es erst einmal zu überwinden gilt. Ist das geschafft, geht es flotter voran. Also, bei Schlitz komme ich an die Fulda, und plötzlich bin ich von vielen Menschen umgeben, die auch mit dem Rad unterwegs sind, zum Teil mit viel Gepäck wie ich. Am Fluss entlang geht's eben einfacher! Langsam dringt immer mehr die Sonne durch die Wolkendecke. Es weht ein ziemlich kühler Nordostwind, der mir immer ins Gesicht bläst. Am Abend erreiche ich Rotenburg an der Fulda.
Mein Nachbar auf dem Campingplatz ist auch mit dem Fahrrad auf Reisen, der Rahmen seines Rades ist eine Spezialanfertigung für den 196 Zentimeter langen und über 100 Kilogramm schweren Mann. In einem kleinen Anhänger transportiert er seinen Hund, einen alten Collie, der nicht mehr selbst so viel laufen kann. Aber er gehört dazu, und sein Herrchen muss die Kraft für seinen treuen Begleiter mit aufbringen.
Inzwischen ist es richtig warm geworden und ich genieße einen Abendspaziergang in der malerischen Fachwerkstadt.

Samstag, 15. Mai – Begegnung mit dem Alter

Am Samstag führt mich die Fulda weiter in nördliche Richtung. Der Wind, der von dort kommt, bläst mir wieder kräftig ins Gesicht und ist so kühl, dass ich mit

langer Hose und Pullover fahren muss, obwohl die Sonne scheint.
In einem Supermarkt fülle ich meine Vorräte auf. Als ich meine Einkäufe in den Packtaschen meines Rades verstaue, spricht mich eine alte Frau an: „Früher habe ich das auch mal gemacht“, sagt sie und erzählt von Radtouren in ihrer Jugend. „Raten Sie mal, wie alt ich bin“, fordert sie mich auf. Ich blicke in ihr runzeliges Gesicht und in ihre lebendigen erwartungsvollen Augen und versuche zu schätzen. Die Zeiten sind wohl vorbei, dieser Frau mit einem absichtlich zu niedrig angesetzten Alter zu schmeicheln, und ich sage, so wie ich glaube, das wäre ihr Alter: „85?“ „Sie haben gut geraten, fast genau! Ich bin 86.“ Ich habe immer wieder die Erfahrung gemacht, dass alten Menschen die Erinnerungen an die Erlebnisse ihrer Jugendzeit immer wichtiger werden. Manche nehmen die Gegenwart gar nicht mehr richtig wahr, sondern leben mehr in ihrer Jugend, die ihnen auf einmal viel lebendiger ist als die Gegenwart. Die Erlebnisse in der Jugend werden zum größten Schatz im Alter. Daraus folgere ich: Lebe deine Jugend so intensiv wie möglich; was du in ihr erlebst, wird ganz entscheidend deine Lebensqualität auch im hohen Alter bestimmen!
In Hannoversch-Münden gesellt sich zur Fulda die Werra. Zusammen bilden sie die Weser. Am Anfang fließt das Wasser beider Flüsse, das unterschiedlich gefärbt ist und verschieden schäumt, noch unvermischt nebeneinander her, dann vermengt es sich und sieht einheitlich aus. Ich muss daran denken, wie es ist, wenn zwei Menschen, die einander völlig fremd waren, sich ineinander verlieben, sich kennen lernen und ihren Lebensweg gemeinsam fortsetzen. Sie geben ihre verschiedenen „Lebenswässer“ zusammen, ihre unterschiedliche Her-

kunft, ihre Erfahrungen, ihre Fähigkeiten und machen etwas Gemeinsames daraus.
Am Abend, nach 115 Kilometern Fahrt, wie am Tag zuvor auch, finde ich einen kleinen Campingplatz an der Weser in einem winzigen Ort, „Weiße Hütte“ genannt, der neben dem Campingplatz noch aus einem Bauernhof, einem Gasthof, der wegen „Geschlossener Gesellschaft“ geschlossen hat, einem Briefkasten sowie einer Bushaltestelle besteht. Es ist so bitter kalt geworden, dass ich fast alles anziehe, was ich an Kleidungsstücken dabei habe. Das Essen, das ich mir auf meinem kleinen Gaskocher koche, und Kräutertee wärmen mich wieder etwas auf.

Sonntag, 16. Mai – Plötzlich steht ein großer Hund vor mir

Die Weser ist heute wieder mein Wegbegleiter und der kühle Nordostwind mein gewohnter Gegner. Mir kommt ein anderer Radreisender entgegen. Er hält und fragt mich: „Hast du einen 15er Schlüssel?“ Habe ich leider nicht dabei, weil meine Laufräder mit Schnellspannern befestigt sind. Nicht immer hat man die passenden Schlüssel, um anderen zu helfen. Apropos Schlüssel: Meinen Haustürschlüssel habe ich natürlich zu Hause gelassen, den brauche ich auf der Radtour nicht. Mir fehlt aber irgendwie etwas, wenn ich keine Schlüssel in der Hosentasche habe. Der kleine Schlüssel vom Vorhängeschloss ist wenigstens etwas, mit dem ich die Reißverschlüsse meiner „Zelttür“ „abschließe“. Schlüssel geben so ein Gefühl von Sicherheit. Sie deuten auf Dinge, die nur dir gehören, die dir keiner wegnehmen soll. Sie schließen dir deine eigene Welt auf. Sie

halten zusammen, was dir wichtig ist. Und wenn deine Schlüssel auch zu dem passen, was anderen von Bedeutung ist, kannst du ihnen helfen, Sicherheit zu finden. Manchmal hast du den Schlüssel nicht dabei, den du brauchst, um an dein Eigenes heranzukommen oder Gelöstes wieder fest zu schrauben. Dann ist es gut, wenn du Menschen findest, die dir einen passenden Schlüssel ausleihen.
Nachdem ich Höxter durchquert habe, komme ich auf die Idee, durch Lüchtringen zu fahren, um meiner Schwägerin und ihrer Familie guten Tag zu sagen. Als ich vor dem Haus von Petra und Thomas stehe, sehe ich zwar das Auto, das Moped und das Bobby-Car, aber auf mein Klingeln öffnet niemand. „Vielleicht sind sie im Hof", denke ich und gehe zum Hintereingang. Plötzlich steht ein großer brauner Hund vor mir und knurrt mich gefährlich an. Mit dem habe ich nicht gerechnet. Er ist an einem Seil festgebunden, das noch nicht gespannt ist. Blitzschnell arbeitet mein Gehirn, überschlägt die Länge des Seils, wie weit es dem Hund noch Freiraum gibt. Ich versuche, die Gefahr zu berechnen, zu begrenzen. Das Seil macht sie begrenzt. Ich weiß nicht, wie ich mich verhalten soll. Mit Hunden, die mir zur Gefahr wurden, aber nicht angebunden waren, hatte ich schon Erfahrungen gemacht. Es war in Argentinien, ich stieg aus dem Auto, um einen Hausbesuch zu machen. Da kam wie der Blitz ein Hund auf mich zugerannt und riss mir die Hose entzwei. Ich blieb stehen und brüllte den Hund an. Er ließ von mir ab.
Ein anderes Mal war ich mit einer Gruppe wandern im Bayrischen Wald. Als wir an einem Haus vorbei kamen, rannte ein Schäferhund auf die Letzte unserer Gruppe zu. Ich sah das und brüllte den Hund an: „Aus!". Der

erschrak sich so sehr, dass er fast umfiel; er klemmte den Schwanz ein und lief weg.
Zurück zum Hund von Petra und Thomas: Ich entscheide mich für den Rückzug. Das erste Anzeichen, einen Schritt zurück zu tun, nimmt der Hund zum Anlass, mich anzugreifen. Obwohl ich sehr schnell nach hinten springe, spüre ich seine Zähne mehrmals, blitzschnell gegen mich geschleudert. Ich renne quer über das Blumenbeet. Das Seil reißt den Hund zurück. Ich höre nur noch sein wütendes Bellen. Ich sehe auf mein Bein. Die Hose ist noch ganz. Mein linker Oberschenkel und mein rechtes Knie brennen wie Feuer. Ich fahre erst mal weiter, schnell, wie auf der Flucht.
Außerhalb der Stadt untersuche ich genauer meine Wunden. Sie sind, Gott sei Dank, nicht schlimm. Ich versorge sie mit Desinfektionsspray und Pflastern.
Am Abend baue ich mein Zelt wieder am Ufer der Weser auf, auf einem Campingplatz bei Hameln. Nach dem Essen gehe ich in der Stadt spazieren und komme an die Uferpromenade. Ein Landstreicher hat es sich gemütlich gemacht unter dem Vordach eines Gebäudes. Sein Rucksack steht an eine Wand gelehnt. Der Mann trinkt eine Dose Bier. Dazu läuft Musik aus einem kleinen Kofferradio. „Der hat bestimmt den Wetterbericht gehört", denke ich, in der Hoffnung zu erfahren, dass am nächsten Tag der Wind dreht und es wärmer wird. Ich grüße: „Guten Abend. Haben Sie den Wetterbericht gehört? Wie wird das Wetter morgen?" „Es – soll – wärmer – wer – den", antwortet der Mann. Er hat Schwierigkeiten zu sprechen, vielleicht wegen eines Sprachfehlers oder Folgen einer Verletzung oder Operation. Er spricht sehr langsam, jede Silbe scheint er ganz bewusst einzeln zu formen.

„Das ist gut", sage ich, „ich bin nämlich mit dem Fahrrad unterwegs." „Und – ich – bin – Ruck – sack – Tourist", sagt der Mann lächelnd und deutet auf sein Gepäck. „Warmes Wetter, das ist gut für mich und für Sie", meine ich. „Sagen – wir – doch: für – uns", erwidert der Rucksacktourist und hat mit diesen Worten eine kleine Brücke gebaut von Mensch zu Mensch. Einander „Gute Reise" wünschend verabschieden wir uns.

Montag, 17. Mai – Über die Berge und Besuch in der Nacht

Am Montagmorgen folge ich der Weser noch bis Hessisch-Oldendorf. Das Wesertal ist hier sehr breit, eine weite Ebene, nur am Horizont rechts und links von den Bergen des Weserberglandes begrenzt. Es geht in Richtung Nordsee, nur durch die Porta Westfalica muss sich die Weser noch einmal zwängen. Ich verlasse also das breite Tal, in dem so viele Radfahrer unterwegs sind, verlasse die Bequemlichkeit und Sicherheit, die das Flussbett bietet, denn mein Ziel ist nicht Bremerhaven im Westen, sondern Raisdorf im Nordosten, woher der Wind weht, immer noch sehr kühl.
Wo gibt es für mich einen Durchgang zwischen den Bergen, die das Wesertal nach Norden hin abriegeln? Ich schaue auf die Karte. Da könnte es einen Durchschlupf geben. Mir fällt ein Satz von Jesus ein (Matthäus 7, Verse 13 und 14): „Gehet ein durch die enge Pforte. Denn die Pforte ist weit, und der Weg ist breit, der zum Verderben führt, und viele sind es, die darauf gehen. Und die Pforte ist eng, und der Weg ist schmal, der zum Leben führt, und wenige sind es, die ihn finden." Wenn du kein bestimmtes Ziel für dein Leben hast und dem

breiten Weg folgst, den alle gehen, dann wird es irgendwann langweilig; ohne eigene Ziele, für die man sich einsetzt, die man sich auch etwas kosten lässt, kann das Leben an Sinn verlieren. Wenn deine Lebensziele außergewöhnlich sind, wirst du wahrscheinlich wenige Begleiter haben, aber das Leben wird spannend, es wird anstrengend und voller Abenteuer.

Also, ich schaue auf die Karte und meine, einen Durchschlupf gefunden zu haben. Und dann habe ich doch einen Berg vor mir: Steil geht es hinauf, ich schalte in den ersten Gang. Schweiß rinnt mir von der Stirn, ich schaue vor mir auf die Straße. Sie kommt mir auf einmal so nah vor, als hinge ich fast mit der Nase drauf. Wenn es flott geht, dann scheine ich zu fliegen und habe das Gefühl, von einer höheren Position auf die Straße hinabzusehen. Im „richtigen Leben" ist es oft so, wenn es schwierig wird, wenn Berge vor dir stehen, wenn es Kraft kostet, dann bist du der Erde näher, denkst realistischer. Wenn es leicht ist, fängst du an zu träumen, bis der nächste Berg dich wieder mit der Wirklichkeit in Kontakt bringt und du den Boden unter den Füßen spürst. Beides ist wichtig: Das Träumen und das Realistisch-Sein. Das Träumen öffnet dir neue Horizonte, die Realität zeigt dir, was von deinen Träumen möglich ist und Wirklichkeit werden kann. Lass dich durch die Realität nicht am Träumen hindern! Verliere durch das Träumen nie den Bezug zur Realität! Ein Sprichwort, das aus Brasilien stammen soll, sagt: „Träumt einer allein, ist es nur ein Traum; träumen viele gemeinsam, dann ist es der Beginn einer neuen Wirklichkeit". Ich wünsche dir Menschen, die mit dir träumen!

Als ich die Ausläufer des Deisters endlich überwunden habe, liegt die große Ebene vor mir. Keine Berge mehr. Nur: Der kräftige Nordostwind weht jetzt ungehindert

und bringt mich zeitweise fast zum Stehen, so sehr drückt er mich von vorne. Ich stemme mich dagegen an. In den Dörfern geben die Häuser Windschutz, in den nur wenigen Wäldchen schützen mich die Bäume. Öfter muss ich auf die Karte sehen. Eine markante Orientierungslinie, wie die eines großen Flusses, fehlt. Die kleineren Flüsse, die Leine, die Aller und schließlich die Örtze begleiten mich auf kürzeren Strecken und führen mich auf Wege aus lockerem Heidesand, in dem mein Rad stecken bleibt, so dass ich es stellenweise mühsam schieben muss. Nach 140 Kilometern Fahrt erreiche ich an diesem Tag den Campingplatz in Oldendorf bei Hermannsburg und freue mich auf den Ruhetag, den ich mir für den folgenden Tag vorgenommen habe. Ansonsten möchte ich einige Bekannte besuchen, denn in Hermannsburg habe ich sechs Jahre lang Theologie studiert am Missionsseminar des „Evangelisch-Lutherischen Missionswerkes in Niedersachsen". Ich freue mich darauf, so manchen mit meinem Besuch zu überraschen und bekannte Stätten wiederzusehen.
In der Nacht weckt mich ein scheppterndes Geräusch. Jemand wühlt zwischen meinen Sachen, die ich im Vorzelt untergebracht habe. Mein Geschirr fällt um. Wer ist das? Vorsichtig ziehe ich den Reißverschluss auf, um hinauszusehen. Ein Igel ist gerade damit beschäftigt, Reste aus dem Buttermilchbecher auszuschlecken, den ich dort als Abfallbehälter hatte stehen lassen. Ich versuche, den Igel zu verscheuchen, weil ich in Ruhe weiter schlafen will, doch der Igel lässt sich von mir nicht stören. Er zeigt mir seinen Stachelpelz, in dem er sich vollkommen sicher fühlt. Erst als er den Becher bis auf den allerletzten Rest ausgeleckt hat, trollt er sich.
Ich ziehe mich manchmal auch gerne in mich zurück wie der Igel, will tun, was ich will, und andere sollen

mich nicht stören. Manchmal erlebe ich andere Menschen so als zeigten sie mir ihre Stacheln und ich finde keinen Zugang zu ihnen. Vielleicht merkst du manchmal auch, wie du Stacheln hast, die du eigentlich gar nicht haben willst, und spürst, wie andere diese Stacheln nicht mögen. „Liebe deinen Nächsten wie dich selbst", sagt Jesus. Wenn du dich liebst, auch mit deinen Stacheln, dann lernst du, die Stacheln anderer Menschen zu akzeptieren, und das öffnet dir die oft verborgenen Zugänge, auf denen menschliches Miteinander möglich wird, ohne dass Stacheln im Weg stehen.

Dienstag, 18. Mai – Alte Bekannte, Erinnerungen und der Schlüssel zum Glück

Nach dem Frühstück bringe ich erst einmal mein Fahrrad in Ordnung, wechsele einen schadhaften Bremszug aus und stelle die Schaltung nach. Ich merke, dass das Steuer Spiel hat. Jetzt fehlt mir der passende Schlüssel, ein 32er, den ich wegen seiner Größe und seines hohen Gewichtes natürlich nicht mitgenommen habe.
Ich fahre die zwei Kilometer nach Hermannsburg und halte vor dem Haus von Ernst und Martha. Als ich in Hermannsburg studiert hatte, luden Ernst und Martha unseren Kursus öfter zu Kaffee und Kuchen ein. Ernst ist gerade im Garten zugange. Ich rufe „Hallo, Ernst!" Er schaut von seiner Arbeit auf und erkennt mich sofort wieder und ich melde mich zum Kaffee um 15 Uhr bei ihm an. Dann fahre ich weiter durch den hübschen Heideort mit seinen roten Backsteinhäusern, der mir so vertraut ist.
Mein nächstes Ziel ist das Pfarrhaus, in dem Wilhelm und Helga Bösemann wohnen. Jutta und ich hatten sie

vor vielen Jahren in Brasilien kennen gelernt, als Wilhelm dort Pastor war. Jetzt ist er Pfarrer in Hermannsburg. Wilhelm ist gerade nicht da, wie mir Helga erzählt, die mit etlichen anderen Frauen und Männern vom Putz-Großeinsatz aus der Kirche kommt. Sie lädt mich zum Mittagessen ein.

Als nächstes stehe ich vor der Tür von Dr. Mann, ehemals Dozent für Neues Testament und Leiter des Missionsseminars. Seine Frau öffnet mir und schaut mich mit großen Augen an. „Kennen Sie mich noch?“ frage ich und nach kurzem Überlegen sagt sie: „Herr Schröder?“ Immerhin sind es zwanzig Jahre her, seit sie mich das letzte Mal sah. Sie bittet mich herein, ihr Mann ist auch zu Hause, und wir unterhalten uns über früher und heute: Unsere Kinder, die Entwicklung des Missionsseminars.

Nach dem Einkauf im Supermarkt zur Ergänzung meines Reiseproviants fahre ich zur Mittagsandacht in die Kapelle des Missionsseminars. Während der aus der Ostkirche stammenden liturgischen Gesänge wird mir deutlich, dass hier ein Ort ist, an dem die Gegenwart Gottes besonders zu spüren ist, jetzt wie auch früher während meiner Studienzeit.

Zum Mittag bin ich wieder bei Bösemanns. Wilhelm ist jetzt da, weitere Gäste sitzen am Tisch: ein brasilianisches Pastorenehepaar und die Enkelin von Wilhelm und Helga, Anna, fünf Jahre alt, der das Portugiesisch-Sprechen ein wenig Angst zu machen scheint, weil sie diese Sprache nicht verstehen kann.

Bei Ernst und Martha bin ich zum verabredeten Kaffee: Viel Torte und Kuchen stehen vor mir. „Iss man, Henning!“ Ich greife zu, dabei erzählen wir über die vielen gemeinsamen Bekannten und blättern in Fotoalben, dann sagt Martha: „Ich schneide noch Äpfel“. Es ist

genau wie früher. Mir fällt das Problem mit dem lockeren Steuer wieder ein und ich frage Ernst: „Hast du einen 32er Schlüssel?" Wir sehen im Schuppen nach, es ist keiner da. „Wilhelm Siegmann, der Hausmeister vom Missionsseminar, kann dir bestimmt helfen", empfiehlt Ernst.
Ich radle also dorthin, Herr Siegmann ist gerade beim Rasen mähen. Er unterbricht seine Arbeit und geht mit mir in die Werkstatt. Er reicht mir einen 32er Schlüssel! Ich stelle die Steuersatzschraube neu ein. Ernst ist auch mit dem Rad dazugekommen, um zu sehen, ob alles geklappt hat.
Es tut manchmal gut, wenn andere sich um einen Sorgen machen und vor allem, wenn sie den passenden Schlüssel parat haben. Zum Thema „Schlüssel" kommt mir ein weiteres Jesuswort in den Sinn (Offenbarung 1, Vers 17-18): „Fürchte dich nicht! Ich bin der Erste und der Letzte und der Lebendige. Ich war tot, und siehe, ich bin lebendig von Ewigkeit zu Ewigkeit und habe die Schlüssel der Hölle und des Todes."
Ja, in den Worten von Jesus kannst du Schlüssel finden, Schlüssel, die dir Wege öffnen aus schlimmen Situationen heraus, Schlüssel, die dir Türen zum Leben öffnen. Diese Schlüssel habe ich in Hermannsburg gefunden, nicht nur jetzt bei Wilhelm Siegmann, sondern auch damals während des Studiums, beim Lernen und Studieren, im Zusammenleben mit den anderen Studenten.
Meinen ehemaligen Latein- und Sportlehrer am Missionsseminar, Gerrit Bergner, besuche ich auch noch. Er genießt seit vier Jahren den Ruhestand. Beim Tee erzählt er mir, es wäre auch höchste Zeit gewesen, in Pension zu gehen, mit den Studenten käme er nicht mehr klar: „Sie nehmen Selbstverständlichkeiten nicht mehr

als selbstverständlich hin. Über alles wollen sie diskutieren und verhandeln.“
Ja, so ist das heute, ich erlebe es auch im Konfirmandenunterricht. Im Nu kann es passieren, dass das, was ich den jungen Leuten beibringen möchte und was sich bei vorigen Jahrgängen lange Zeit bewährt hatte, auf einmal völlig an deren Lebenswirklichkeit vorbeigeht und gemeinsames Arbeiten nicht mehr möglich ist. So habe ich mit einer Gruppe einen „Partnerschaftsvertrag“ geschlossen, in dem wir festgelegt haben, was wir voneinander erwarten und einander geben wollen. So versuchen wir, unser Miteinanderarbeiten auf eine gemeinsame Grundlage zu stellen.
Am Abend bin ich in der Abendandacht im Missionsseminar, treffe Bekannte und genieße die Atmosphäre der Stille und die liturgischen Gesänge. Beim Abendessen im Speisesaal des Seminars spreche ich mit zwei Studenten, die viel Freude am Studium haben und sich auf das Auslandspraktikum freuen, das ihnen helfen soll, sich auf ihren Beruf als Missionare vorzubereiten.
In der Nacht habe ich wieder Besuch von dem Igel. Er ist schnell wieder weg, weil er diesmal nichts Nahrhaftes findet.

Mittwoch, 19. Mai – Dem Gegner die Stirn bieten

Am Morgen durchquere ich noch einmal Hermannsburg, um weiter in Richtung Norden zu fahren, gegen den Wind, der jetzt etwas weniger kalt weht.
Hermannsburg – noch einmal kommen Erinnerungen an die Studienzeit in mein Gedächtnis. Mein Glaube wurde dort in Frage gestellt, entwickelte sich weiter, hat sich bis heute wieder verändert und wird sich auch fort-

an ändern. Weiterentwicklung und Veränderung sind Zeichen von Leben. Wo alles genauso bleibt, wie es immer schon war, da hält der Tod Einzug.
Immer noch kämpfe ich gegen den Wind an. Der Nordwind ist zu meinem treuen Gegner geworden, den ich einfach akzeptieren muss, er gehört zu dieser Reise dazu. Egal, wo du lebst, überall wirst du auch Menschen begegnen, die deine Gegner sind. Sie werden dir manchmal hinderlich sein in deinem Bestreben voranzukommen. Es wird dir oft nichts anderes übrigbleiben, als die Gegner zu akzeptieren. Biete ihnen die Stirn und lass dich nicht zurückwerfen. Das hilft dir, deine eigenen Stärken zu entwickeln. Wichtig finde ich nur, dass du deine Gegner als Menschen achtest, auch wenn du viele ihrer Verhaltensweisen nicht akzeptieren kannst, gemäß des Jesuswortes: „Liebet eure Feinde; segnet, die euch fluchen; tut wohl denen, die euch hassen; bittet für die, die euch beleidigen und verfolgen." (Matthäus 5, Vers 44).
Nach 110 Kilometern Fahrt erreiche ich Hohnstorf, wo ich am Strand der Elbe mein Zelt aufschlage. Am gegenüberliegenden Ufer reihen sich, aus rotem Backstein, die Häuser von Lauenburg.
Auf diesem Campingplatz lerne ich Xaver kennen. Er ist seit 14 Tagen mit dem Rad unterwegs, kommt aus der Schweiz und will weiter bis zum Nordkap. 66 Jahre alt ist er. In Lauenburg hat er vor, sich übers Wochenende mit seiner Frau zu treffen, die mit dem Zug kommen wolle. In Schweden würde sie dann mit einer Freundin mit dem Wohnmobil ihrem Mann nachreisen. Xaver hat ein Handy dabei. „Weihnachtsgeschenk von meinem Sohn", erklärt er, „für mein `spinnertes´ Vorhaben, wie er sagt". So werden Leute leicht für Spinner gehalten, die sich auf außergewöhnliche Weise auf den Weg ma-

chen, das Leben zu finden. Lass dich, wie Xaver, von solchem Gerede nicht abhalten, deine Wege zu gehen, die du für richtig hältst!

Mein Zelt bei Hohnstorf an der Elbe;
auf dem gegenüberliegenden Ufer ist Lauenburg zu sehen.

Donnerstag, 20. Mai – Angekommen

Heute überquere ich die Elbe auf einer ersten und einen Kanal auf einer zweiten Brücke und habe endlich Schleswig-Holsteinische Erde unter den Reifen. Zwischen gelben Rapsfeldern hindurch, an Hecken (den sogenannten „Knicks") vorbei und über sanfte Hügel führt mich der Weg nach Bad Segeberg. Ich genieße die Fahrt durch die Landschaft, die für mich die schönste der Welt ist.
Der Abendspaziergang am Segeberger See ist wunderschön im Licht der tiefstehenden Sonne. Die anmutigen Haubentaucher schwimmen hin und her auf dem Was-

ser und sind ab und zu unter der Oberfläche verschwunden.

Abendstimmung am Segeberger See

In der Frühe des letzten Reisetages fahre ich mit dem Rad noch einmal am See entlang im Schein der Morgensonne. Am Ufer neigen sich uralte Bäume weit über das Wasser.
Zwischen Dersau und Ascheberg mache ich Mittagspause am Ufer des Plöner Sees. Ich setze mich in weiches Moos und lehne meinen Rücken an einen uralten Baum. Fast unberührte Natur umgibt mich, nur das Flügelschlagen und die Stimmen der Wasservögel beleben die Stille. Mein Blick schweift über die ruhig daliegende Wasserfläche und ich staune über die Schönheit der Schöpfung.
Am Nachmittag habe ich mein Ziel erreicht: Raisdorf. Bei Opa Kurt, meinem Vater, steige ich vom Rad. Er und seine Lebensgefährtin Elfriede begrüßen mich, ich trage mein Gepäck und das Rad ins Haus und wir erzäh-

len uns erst einmal bei Kaffee und Kuchen von meinen Reiseerlebnissen und wie es meinem Vater in der letzten Zeit ging.
Am Abend bin ich dann bei dir, lieber Jan.
Du siehst, viel habe ich erlebt auf dem Weg zu dir und viele Gedanken gingen mir durch den Kopf. So eine Radtour ist für mich die beste Therapie gegen Alltagsstress, Leere, Frust, Orientierungslosigkeit. Mach' dich ein paar Tage aus eigener Kraft auf den Weg, zu Fuß oder mit dem Rad oder mit dem Paddelboot. Sei offen für Überraschungen, für kleine und große Abenteuer, die werden garantiert kommen. Du wirst deinen Blick schärfen für das Wesentliche, wirst einfach intensiver leben. Du wirst mit neuem Mut, neuen Perspektiven, neuen Lebenskräften heimkehren. Suche dir ein Ziel, das für dich eine „Quelle des Lebens" ist für solch eine Tour. Für mich ist das eine schöne Landschaft, die ich kennen lernen will oder ein Fest, das mir wichtig ist, wie deine Konfirmation. Die Konfirmation ist eine Station auf deinem Lebensweg. Viele Gäste kommen und machen dir deutlich: Du bist wichtig! Als wichtiges Teil bist du eingebunden in ein größeres Ganzes: Die Kraft des Lebens, Gott nennen wir sie, ihm bist du wichtig.
Zum Schluss noch einige Worte zu meinem Geschenk für dich: Die Pulsuhr. Sie lässt dich einen Blick in dein Herz tun. Du lernst dich besser kennen, wie die Funktionen deines Körpers sind, wie dein Körper reagiert auf Anforderungen, Anstrengungen, Ruhe. Das hilft dir, deine Kräfte optimal einzuteilen, deine Kräfte zu entwickeln, ohne dich zu überanstrengen. Du lernst deine Möglichkeiten und deine Grenzen besser kennen. Das beiliegende Buch hilft dir, die Uhr im Training und Sport richtig einzusetzen.

„Ein Mensch sieht, was vor Augen ist; Gott aber sieht das Herz an“, so hört der Prophet Samuel die Stimme Gottes, als Samuel den neuen König Israels aussuchen soll und sich vom Äußeren der Kandidaten beeindrucken lässt (1. Samuel 16, Vers 7). Lerne dein Herz kennen, das, was tief in dir steckt. Dann wirst du auch lernen, in das Herz anderer Menschen zu schauen und ihre inneren Werte wahrzunehmen, die so wichtig sind für ein gutes Zusammenleben und die Gestaltung einer Welt, in der es menschlich zugeht.
Ich wünsche dir, lieber Jan, Rückenwind, um schnell voranzukommen, wo es nötig ist, Gegenwind, um langsam zu werden, so dass du Zeit findest zur Besinnung und zum Kräfte-Sammeln. Ich wünsche dir Gegenwind, der dich stark und mutig macht, damit du auch die ganz starken Stürme überstehst! Ich wünsche dir offene Augen für die Schönheiten der Welt, dass du dich daran erfreust, und ich wünsche dir offene Augen, die Nöte der Welt wahrzunehmen und anderen zu helfen, so wie es deine Kräfte und Fähigkeiten erlauben. Ich wünsche dir die passenden Schlüssel für die Geheimnisse des Lebens!

Dein Patenonkel Henning

Oktoberfest und der Himmel auf Erden

über München nach Salzburg

Sonntag, 29. September - Zwei fliegende Äpfel und eine Äpfelschüttelmaschine

Beim Frühstück erzählt meine Frau Jutta von ihrer Radtour von Passau nach Wien, die sie letzte Woche zusammen mit einer kleinen Gruppe unternommen hatte. Das motiviert mich für meine Reise, die in wenigen Minuten anfängt. Nachdem Toastbrot und Kaffee mich gestärkt haben, schnalle ich meine Sachen aufs Rad. Ein Abschiedskuss noch für Jutta - und Joana in den Arm genommen und ab geht es.
Hinter Aschaffenburg überholt mich ein Radler. Er mache seinen regelmäßigen Sonntagsausflug, wie er mir sagt und ergänzt: „Ich fahre 6000 Kilometer im Jahr“. „Sie sind sicher Rentner und haben Zeit dafür“, entgegne ich. „Nein, Rentner bin ich noch nicht, ich fahre immer abends nach Feierabend meine Runden“. Au weia, da bin ich voll ins Fettnäpfchen getreten!
Zwei aufgelesene Äpfel begleiten mich auf erfrischende Weise, bis ihre Kerngehäuse und die Wurmgänge fortfliegen.
Am Abend in der Camping-Gaststätte „Willingertal“ bei Bad Mergentheim sitzen noch zwei Männer, sie sind keine Camper, sondern Nachbarn des Campingplatzes. Sie fragen mich nach dem Woher und Wohin. Der eine schläft vor seinem Bier ein, wacht immer mal wieder etwas auf. Beide unterhalten sich über die Arbeit: „Morgen wieder früh raus“. „Viele Äpfel, aber keine Nüsse.“

„Äpfel gelesen." „Dafür müsste es eine Maschine geben." „Äpfel-Lese- Maschine, das gibt's, hab' ich schon auf einer Ausstellung gesehen, aber in Aktion noch nicht." „Sammelt sicher auch die faulen mit." Die Wirtin mischt sich ins Gespräch: „Und Gras und Steine." „Aber ´ne Apfel-Schüttel-Maschine hab' ich. Wird vom Traktor angetrieben." Der andere schläft wieder vor seinem Bier ein. Der eine erzählt: „Letztens hat mich ein Radler gefragt, ob er auf meiner Apfelplantage sein Zelt aufbauen könnte. ‚Klar,' hab' ich gesagt. ‚Aber Müll mitnehmen! Äpfel können Sie sich auch abmachen und Feuer anmachen, aber nicht so groß.' Nächsten Morgen bin ich hin. Er war schon weg. Hat keine Spuren hinterlassen, nicht ein Fitzelchen. Ja, ist Erziehungssache, dass man keinen Dreck macht, reine Erziehungssache!"
Die Nacht ist kalt. Ich träume mehrmals von einem elektronischen Schlafsack-Kälte-Warngerät, das piepst, wenn irgendwo eine kalte Stelle ist und dann die Stelle anzeigt durch Kältegefühl.

Montag, 30. September – Missglückter Apfelpfannkuchen

Nebel und Kälte! Der Kaffee wärmt mich etwas auf und dick angezogen sause ich den Berg hinunter nach Bad Mergentheim und fahre weiter die Tauber aufwärts. Der Nebel verzieht sich langsam und der Himmel ist blau. Kurz vor Rothenburg ob der Tauber stehen drei männliche Radler am Weg und machen sich an einem ihrer drei Räder zu schaffen, das Kopf steht. „Haben Sie eine große Pumpe?" rufen sie mir nach. Ich halte und stelle meine große Luftpumpe zur Verfügung und helfe, den Reifen wieder über den geflickten Schlauch zu ziehen.

Beim Weiterfahren erwischt es dann mich. Als ich bergauf fahre, verschalte ich mich und die Kette sitzt fest, weil sie zwei Glieder zu kurz ist (wegen gerissener und neu geflickter Kette bei einer Radtour mit Joana in den Sommerferien). Ich löse das Hinterrad und die Kette läuft wieder.
Vier leuchtend rote Äpfel nehme ich vom Straßenrand mit für Apfelpfannkuchen, den ich mir heute abend backen will. Mein größtes Problem scheint übrigens zu sein, ob ich rechtzeitig einen Laden finde, um alles Nötige für das Abendessen einzukaufen. Ich denke fast nur an das Thema Essen. In Feuchtwangen finden sich gleich mehrere Supermärkte hintereinander, ich kaufe ein und fühle mich vor dem Verhungern gerettet.
Endlich erreiche ich den Campingplatz in Dinkelsbühl. Ich dusche und backe dann Apfelpfannkuchen, die mir aber nicht so gut gelingen, wohl wegen der Dunkelheit. Das Teelicht in der kleinen Lampe lässt mich nicht genau sehen, was in der Pfanne geschieht. Es wird so eine Art Kaiserschmarren. Trotzdem lecker!
Nach dem Essen fahre ich in die Stadt. Der Nachtwächter geht um, gefolgt von einer Menge Menschen, die ihn singen hören wollen: „Hört ihr Leut' und lasst euch sagen unsere Glock' hat neun geschlagen! Wahret das Feuer und das Licht, dass dem Haus kein Leid geschicht, Menschenwachen kann nichts nützen, Gott muss wachen, Gott muss schützen ...“.

Dienstag, 1. Oktober - Apfeltorte als Energiebombe

Wie kalt es beim Aufstehen ist! Aber die Sonne scheint schon hell und klar, diesmal ohne vom Nebel verschleiert zu sein. Frühstück, heißer Kaffee! Das tut gut! Dann wasche ich meine schmutzige Wäsche im Handwaschbecken des Waschraumes. Dort steht auch eine Wäscheschleuder, die ich festhalten muss, damit sie nicht forthüpft; die Wäsche wird fast trocken. Ich hänge sie noch über den Zaun in die Sonne und packe sie kurze Zeit später trocken ein. Das Zelt bleibt nass vom Tau und Kondenswasser innen und außen.
Langsam fängt die Sonne an zu wärmen. Der Weg führt mich durch den Kreis Donau-Ries, eine wellige Landschaft mit einigen Steigungen.

Im Kreis Donau-Ries

Riesige Felder reichen bis zum Horizont. Überall sind Bauern mit ihren Traktoren unterwegs, um zu pflügen, zu eggen und Mais zu ernten. Viele Schulklassen haben Wandertag und nutzen das schöne Wetter. Bei jedem Maisfeld, an dem ich vorbeikomme, werfen sich mir ganze Schwärme von kleinen Fliegen ins Gesicht.
Die erste Pause mache ich in Nördlingen und besteige den Kirchturm. „Und was haben Sie da oben erlebt?" fragt mich eine Fünftklässlerin, als ich wieder unten bin. „Ich habe mein Fahrrad unten ganz klein gesehen und den Weg, den ich gekommen bin und den, den ich weiterfahren werde."
Wegen der vielen Steigungen komme ich nur langsam vorwärts und meine Beine werden schwerer und schwerer. Aber dann esse ich in einem Straßencafé in Harburg ein großes Stück „Bauerntorte", eine Apfeltorte mit Hefeteig, und ich fühle mich danach wie ein abgeschossener Pfeil. Die Landschaft wird wieder flacher und auf dem Weg zwischen Lech und Lech-Donau-Kanal führt der Weg immer nur geradeaus. Links vom Weg liegt der Lech mit seinen großflächigen grau-blau schimmernden Kiesbänken, rechts, etwa zehn Meter höher, begleitet mich der Kanal. Es wird schon dunkel, als ich in Augsburg ankomme. Da, ein Hotel. Ich fahre noch bis zur nächsten Straßenecke, um zu sehen, ob da noch ein weiteres Hotel zur Auswahl ist. Nein, ich kehre um und mache Quartier.
Auf das Bett lege ich erst einmal den vom Tau der letzten Nacht noch etwas feuchten Schlafsack, damit er trocknet, dann stelle ich mich unter die Dusche und so erfrischt gehe ich in das Restaurant unten im Hotel. Ausgelaugt von dem langen Rad fahren muss ich erst einmal etwas Ordentliches essen. Ich wähle Putengeschnetzeltes mit Spätzle.

Am Nebentisch sitzt ein alter Mann beim Essen. Er spricht mich an. Ich berichte von meiner Radtour und er erzählt von sich: 83 Jahre sei er alt. Er komme öfter hier essen und ärgere gern die jungen Frauen, die bedienen. Seine Frau sei vor zweieinhalb Jahren gestorben. Er habe zwei Kinder und fünf Enkel. Ich erfahre, dass er in Tschechien geboren und aufgewachsen ist, in der Hohen Tatra, in einem deutschen Siedlungsgebiet. Dankbar staunt er immer noch darüber, dass er als Soldat den Krieg mit nur geringen Verwundungen überlebt hat. Er hatte viel Sport getrieben in seiner Jugend: Schi alpin in der Hohen Tatra. Zweieinhalb Stunden seien sie damals zu Fuß auf den Berg gestiegen für eine Abfahrt, die zwanzig Minuten dauerte und das machten sie zweimal am Tag jedes Wochenende im Winter. Nach dem Krieg kam er nach Augsburg.

Satt und zufrieden erkunde ich noch ein wenig die Innenstadt. Mir fallen die überbreiten Straßen auf und die prächtigen historischen Häuser. Die Fugger haben Augsburg steinreich gemacht; jetzt sehe ich es mit eigenen Augen.

Arbeiter sind dabei, jetzt mitten in der Nacht ein neues Gleisbett für die Straßenbahn zu betonieren. Lange bin ich nicht unterwegs; die Müdigkeit treibt mich zurück ins Hotelzimmer. Es war ein anstrengender Tag.

Mittwoch, 2. Oktober – Abenteuer Oktoberfest

Ich nehme die Wärme aus dem Hotel mit, sie hält vielleicht eine halbe Stunde vor, dann muss ich doch die dicken Handschuhe anziehen. Auch die Füße werden kälter und kälter.

Der Wald wimmelt von Hausfrauen, die sich beim Walking bewegen, nachdem ihre Kinder im Kindergarten oder in der Schule untergebracht sind.
Endlich hat die Sonne Wärmekraft. Kurz vor Mittelstetten macht es „knack“ aus Richtung Hinterrad. Speiche? Ich gucke runter: das Rad schlägt etwas aus. Bei einem Bus-Haltestellen-Häuschen steige ich vom Rad. Tatsächlich, von einer Speiche am Hinterrad fehlt das Köpfchen. Ich benutze die Bank im Häuschen als Werkbank. Hinterrad ausgebaut, Decke, Schlauch, Felgenband runter, kaputte Speiche raus, neue rein, Gummimaterial wieder rauf, aufgepumpt, zentriert und weiter.
Wieder sind etliche wandernde Schulklassen auf den Feldwegen unterwegs. Schon früh am Nachmittag taucht das erste Ortsschild auf, auf dem steht: „Landeshauptstadt München“. Aber bis ich beim Campingplatz an der Isar bin, fahre ich zwei Stunden lang kreuz und quer durch München und etliche Vororte und frage ungefähr fünfundzwanzig Leute nach dem Weg. Aber ich habe es geschafft. Ein Meer von kleinen Zelten! Alles Oktoberfest-Gäste. „Es ist leider im Moment sehr laut und dreckig“, so werde ich an der Rezeption begrüßt. Es klingt resigniert. Mit so vielen Gästen, die auch noch die Nächte durch auf dem Campingplatz feiern, werden die Bediensteten scheinbar nicht so richtig fertig.
Zelt aufgebaut, geduscht und ab zur Festwiese! Der helle Wahnsinn!
Um einen Überblick vom Ausmaß der Festwiese zu bekommen, steige ich in eine Gondel des wirklich riesigen Riesenrades. Neben mir sitzt ein Ehepaar aus England. „Oh my God!“ ruft der Mann mehrmals aus. Gegenüber hat ein verliebtes Pärchen Platz genommen, die

Augen nur füreinander haben. Bestimmt fünf Mal dreht sich das Riesenrad, bis es anhält zum Aussteigen und Neu einsteigen.

Auf dem Oktoberfest in München

Ich habe großen Hunger vom Rad fahren und stürze mich auf den nächsten Stand und kaufe eine Frikadelle im Brötchen, beim nächsten Stand Fisch-Nuggets und Pommes, dann noch eine Riesenbrezel. Dazu würde jetzt ein Maß Bier gut passen. Also rein ins Bierzelt! Aber: „Wegen Überfüllung geschlossen" steht über den Eingängen der Mega-Festzelte. Wachleute regeln die Ströme der vielen Menschen.
Endlich finde ich doch ein Zelt, in das ich gehen kann. Eine Band spielt Musik. Die Leute stehen auf den Bänken, singen mit, prosten sich mit Bier zu. Mein Durst wird immer schlimmer. Schnurstracks gehe ich zu einer der vielen Schänken. Pausenlos wird gezapft aus riesigen Fässern. Die Bedienungsfrauen, in Dirndl gekleidet,

stehen Schlange. Mit zehn Bierkrügen in den Händen verschwinden sie in der Menge. Bier gibt es aber nur an den Tischen, bemerke ich. Nirgends ist ein Platz für mich. Plötzlich stellt sich ein Wachmann mir in den Weg: „Haben Sie einen Platz reserviert?" „Nein". „Dann dürfen Sie hier nicht rein." Ich sehe, wie Leute eine Karte zeigen und reingelassen werden.
Ich gehe also wieder nach draußen. Auch vor dem Zelt sind jede Menge Biertische aufgestellt. Ich entdecke einen freien Platz, frage, ob er auch wirklich frei ist und setze mich. Ich knabbere an der Brezel. Schon bald kommt eine Bedienung: „Ein Bier?" „Ja!". Es dauert nicht lange, da steht es vor mir. „Sechs Euro 75." Ich gebe sieben, „stimmt so!"
Ich komme mit den Leuten an meinem Tisch ins Gespräch, vier Frauen und ein Mann, alle aus Rosenheim. Als ich „Prost" sage, schlagen alle ihre Krüge zusammen, was sich noch mehrmals wiederholt.
Betrunkene torkeln immer wieder durch die Reihen. Ich frage: „Wie viel Maß Bier trinkt so ein ‚normaler' Oktoberfestbesucher?" „Zwei bis fünf." Ich habe Mühe, mein eines Maß leer zu trinken.
Jetzt will ich eine Lakritzstange, die ich so gerne esse. Ich laufe von einem Süßigkeitenstand zum anderen. Nichts. Nur Lebkuchenherzen und Magenbrot und gebrannte Mandeln, aber keine Lakritzstangen. Ich habe es schon fast aufgegeben, da sehe ich doch welche liegen und kaufe eine, die ich sofort mit Genuss vernasche.
Ich lasse mich in der Menschenmasse durch den Lärm des Festes treiben. Plötzlich ist da etwas anders! Mitten im Geflirre von Lichtern, im Durcheinanderdudeln unterschiedlichster Melodien, im Wechsel verschiedenartigster Düfte in der Nase, im Stimmengewirr der Men-

schen, ist da auf einmal ein Ort der Ruhe, wo Augen und Ohren und alle Sinne einen Platz finden um auszuatmen. Männer und Frauen in historischer Kleidung sitzen still auf einer kleinen Bühne, ausgestaltet mit antiken Möbeln. „Königlich Bayerischer Hofphotograph" steht oben drüber, gemalt in altmodischer Schrift; keine grellen Blinklichter strapazieren die Augen wie bei den vielen anderen Ständen und Fahrgeschäften.
Menschen werden verkleidet wie zu Urgroßmutters Zeiten und lassen sich fotografieren. Ich bleibe fasziniert stehen. Wie Kleidung den Charakter eines Menschen verändern kann und in eine ganz andere Zeit entführt! Wie anders würde ich wohl sein, wenn ich in dieses Fotostudio einer vergangenen Epoche gehen würde, angetan mit einem Anzug, wie er vor hundert Jahren einmal Mode war? Neben mir steht eine junge Frau, sie trägt eine rote Jacke. Lange braune Haare fallen ihr über die Schultern. Ihre dunklen Augen, umrahmt von großen, schwarz eingefassten Brillengläsern, schauen wie gebannt auf das stille Geschehen im Studio des „Hofphotographen". Mein Blick wandert hin und her, zu der jungen Frau und dann wieder auf die Verkleideten beim „Hofphotographen". Es reizt mich, auch mal ein Foto von mir machen zu lassen. Ich schaue auf die Preisliste: Was ich für ein Foto bezahlen muss, finde ich zu teuer. Ich schaue wieder die junge Frau neben mir an; sie blickt zu mir; ich spüre sofort ganz viel gegenseitige Sympathie und, als wären wir Bekannte, die sich schon lange kennen, unterhalten wir uns über die Aktion vor unseren Augen und kommentieren: „Sehen Sie mal den frechen Jungen, der eben noch die Baseballmütze auf dem Kopf trug, wie brav und gehorsam er jetzt neben seinen Eltern sitzt", bemerke ich. Sie zeigt auf eine Gruppe lachender Frauen, die vor dem Studio warten,

und meint: „Ich bin gespannt darauf, wie diese Frauen nachher aussehen werden!“
Mein Blick fällt wieder auf die Preisliste: Es gibt einen speziellen Preis für ein Foto mit einem Paar. Dieser Preis, geteilt durch zwei, rechne ich, das ist annehmbar, und dabei kommt mir eine Idee. Ich sage zu der Frau neben mir: „Ich hätte gern auch so ein Foto von mir, aber mit mir allein ist es mir zu teuer. Mit Ihnen zusammen würde ich gern ein Foto machen lassen; wir könnten uns ja die Kosten teilen. Wie wär's?“ „Ich habe nicht mehr genug Geld bei mir.“ „Sie können es mir ja später überweisen.“ Sie ist noch unentschlossen. „Was wird Ihre Gattin dazu sagen, wenn Sie sich mit einer fremden Frau fotografieren lassen?“ fragt sie ganz vorsichtig. Ihr ist aufgefallen, dass ich einen Ehering trage. „Meine Frau wird das lustig finden“, meine ich. Schließlich sagt sie „ja“ und wir schreiten die Stufen hinauf in einen Raum hinter dem Studio.
Eingezwängt zwischen Kleiderständern mit einer Vielzahl von Damen- und Herrenbekleidung aus verschiedenen längst vergangenen Mode-Epochen hängen wir unsere Jacken auf einen Haken und lassen uns von einem Helfer des „Hofphotographen“ umziehen. Wir schauen in einen Spiegel. Sehr bieder sehen wir aus, ich wie ein Obergeheimrat, ein gehorsamer Beamter des bayerischen Königs, und sie an meiner Seite wie meine treue Ehefrau. Sie trägt zum Rock eine Jacke mit Rüschen; ihre Haare sind jetzt streng nach hinten gekämmt und zusammengebunden und unter einem Hut mit Blumen versteckt. Die Brille wurde ihr abgenommen. Ich gefalle mir mit Stehkragen und Zylinder. In der Hand hält sie einen Regenschirm und ich einen Spazierstock. Der Helfer führt uns auf die Bühne. Dort stellt der „Hofphotograph“ uns beide dicht zusammen neben

einen gepolsterten Stuhl mit geschwungenen Beinen; die Lehne dient mir als Auflage für meine linke Hand. Der Meister modelliert an unseren Haltungen und Gesichtern. Spannend! Aufregend! Der „Hofphotograph" geht einige Schritte zurück, blickt durch den Sucher der Kamera. „Den Kopf bitte nach vorn strecken!" ruft er uns zu. Klick-Blitz! Er zieht ein winziges Foto aus der Kamera und prüft es mit einer Lupe. „Okay! In einer Stunde können Sie die Bilder abholen".

Wir beide bummeln über das Fest, unterhalten uns; ich erzähle von meiner Vorliebe für Lakritzstangen und wie lange ich gebraucht habe, hier welche zu finden. „Oh, ich esse auch so gerne Lakritzstangen." „Ich lade Sie zu einer Lakritzstange ein! Wenn ich nur den Stand wiederfinde, ich habe nämlich einen schlechten Orientierungssinn." „Habe ich auch", meint sie. So viel Übereinstimmung! Ich fühle mich dieser fremden Frau ganz nah und sie kommt mir gar nicht fremd vor. Nach einigem Suchen finde ich den Stand. Ich kaufe zwei Lakritzstangen und wir stehen da und knabbern und reden wie zwei Menschen, die schon lange miteinander vertraut sind. „Vielleicht ist das Foto schon früher fertig?" frage ich ungeduldig. Wir gehen zurück zum „Hofphotographen".

Ja, das Foto ist da! Toll! Wir bestellen noch einen zweiten Abzug, der sofort gemacht wird. Andere Pärchen kommen auch und holen ihre Fotos ab. Wir bewundern gegenseitig unsere Bilder von der Reise in die Vergangenheit. Also, dieses Foto – so könnten meine Urgroßeltern ausgesehen haben, als sie noch jung waren! Etwas steif, mit starren Gesichtern, stehen sie da, wie es für alte Fotografien charakteristisch ist.

„So, jetzt muss ich aber schnell los, um den letzten Zug nach Hause, nach Landsberg, zu erreichen", sagt sie mit

einem Blick auf ihre Armbanduhr. Eilig schreiben wir noch unsere Adressen und meine Kontonummer auf. Als sie meine Visitenkarte ansieht, ist sie überrascht: „Ah, Sie sind Pfarrer. Das finde ich ja gut. Ich bin auch praktizierende Christin; ich gehöre einer evangelischen Freikirche an." Sie verabschiedet sich mit den Worten: „Ich wünsche Ihnen Gottes Segen!" Ich wünsche es ihr auch und unsere Wege trennen sich. Schnell ist sie mit ihrer roten Jacke im Gewühl der vielen Menschen verschwunden.
Was von dieser Begegnung bleibt, ist das Foto, schwarzweiß, künstlich vergilbt, in Sepia, wie aus längst vergangener Zeit. Ich hole es aus meiner Tasche und mitten im Festtrubel betrachte ich es noch einmal gründlich. So hätte ich, wenn ich hundert Jahre früher gelebt hätte, womöglich ausgesehen und vielleicht hätte ich dann auch diese Frau geheiratet.
Einige Tage später überweist sie mir das Geld für ihr Foto und schickt mir aus Landsberg eine Ansichtskarte in den Spessart mit herzlichen Grüßen an mich und meine Frau. Über unser kleines gemeinsames Abenteuer schreibt sie: „Das war ein schönes, besonderes Erlebnis."
Es ist spät, als ich auf dem Campingplatz ankomme, kurz nach Mitternacht. Ich habe gar nicht gemerkt, wie schnell die Zeit verging. Auf dem Campingplatz feiern viele noch; sie trinken Bier, lachen und grölen. Ich stopfe mir zwei Ohropax-Pfropfen in die Ohren und kann einigermaßen schlafen.

Donnerstag, 3. Oktober – Brunnenkresse und Kiesbett

Bei schönstem Sonnenschein radle ich zunächst die Isar entlang. Heute Morgen ist es nicht so sehr kalt wie an den vergangenen Tagen. Am Vormittag führen die Wege durch überwiegend flache Landschaft. Genau am Mittag beginnt die erste größere Steigung. Auf einmal ist eine Bergkette der Alpen rechts von mir im Dunst zu erkennen. Der gut ausgeschilderte Radweg durchs wildromantische Manglafall-Tal katapultiert mich förmlich nach vorne. Am rauschenden kristallklaren Wasser mache ich Mittagspause. Ein großer Stein dient mir als Sitzgelegenheit und Tisch. Gegenüber am Ufer beobachte ich eine Wasseramsel, wie sie, auf einem Stein stehend, auf und ab wippt und sich mehrmals in die Fluten stürzt.
Viele Menschen sind mit dem Rad oder zu Fuß längs des Manglafalls unterwegs, manche haben sich zum Picknick auf die ausgedehnten Wiesen gelagert.
Heute ist ja Feiertag, Tag der Deutschen Einheit. Das fällt mir erst ein, als ich das dritte Mal vor der verschlossenen Tür eines Supermarktes stehe.
Die Weiterführung des Radweges in Rohrdorf ist schwierig; Passanten helfen mir weiter. Ich fahre durch den Wald an einem Bächlein entlang. Der Chiemsee scheint nicht mehr weit weg zu sein; die Bergkette mit zackigen Spitzen kommt immer näher.
Aus einem Bach direkt neben dem Radweg grünt jede Menge Brunnenkresse. Ich halte an und schneide Blätter in meinen Becher, bis er voll ist. Das gibt einen leckeren Salat zum Abendessen!
Bei der Überwindung einer Anhöhe liegt plötzlich der Chiemsee in voller Pracht vor mir in der Abendsonne.

Weiß leuchten die Segel vieler Segelboote. Ich halte an und genieße einen Moment diesen wunderschönen Ausblick.
Der Zeltplatz, den mir der Platzwart auf dem Campingplatz in Prien-Harras zuweist, besteht aus Kies. Das wird eine harte Nacht!
Der Brunnenkresse-Salat schmeckt köstlich, mit Zwiebeln und Knoblauch dazu, Salz und Pfeffer und Sonnenblumenöl, das ich von einer Wohnmobil-Camperin erbeten habe, weil ich ja keins kaufen konnte heute.

Freitag, 4. Oktober – Salzburger Nockerl

Es ist noch dunkel, da fängt es heftig an zu regnen. Als ich aufstehe, hört es kurz auf. Wunderbar habe ich geschlafen. Ich hätte nicht gedacht, dass man so bequem in einem Kiesbett liegen kann! Der Kies hat sich meinem Rücken optimal angepasst, so dass es keine Druckstellen gab.
Wenige Minuten nach Beginn der Fahrt auf dem Ufer-Radweg muss ich mein Regen-Cape überziehen. Es ist nur ein Schauer und ich ziehe das Cape nach kurzer Zeit wieder aus.
Ich frage ein Radler-Ehepaar nach dem weiteren Weg. Sie sind ganz begeisterte Radfahrer und schwärmen mir von so vielen schönen Radl-Gegenden vor, dass ich mich am Schluss an keine mehr erinnern kann.
Um durch Traunstein zu kommen und den Anschluss nach Salzburg zu finden, muss ich mich wieder durchfragen. Hinter Traunstein habe ich plötzlich einen anderen Reiseradler vor mir. Wir fahren ungefähr fünfzehn Kilometer zusammen, er will nach Bad Reichenhall. Er sei 50 Jahre alt und mache auch am liebsten Urlaub auf

dem Rad. Es ist voll gefedert und schaukelt auf und ab. „Wie fährt es sich darauf?“, frage ich interessiert. „Beim Bergabfahren sehr gut. Es flattert nicht, aber auf gerader Strecke ist es nicht so schnell wie mein altes ungefedertes Rad.“ Er erzählt, dass er mehrmals im Jahr eine jeweils Acht-Tage-Tour mache und gestern von München losgefahren sei, wo sein Auto stehe. Tagebuch schreibe er auch und die besten neuen Ideen für seinen Beruf bekäme er beim Radfahren. „Mir geht es genauso“, bestätige ich.

In Freilassing frage ich wieder etliche Leute nach dem Weg nach Salzburg; ausgeschildert für Radfahrer ist nichts. Nach Überqueren der Saalach auf einer Brücke steht vor mir das Schild mit der Aufschrift: „Salzburg, Republik Österreich“. Der Weg führt noch kilometerweit durch Industriegebiet.

Bei einem Tourist-Info hole ich mir einen Stadtplan und lasse mir den Radweg in die Stadt erklären. Auch ein Hotel- und Pensionen-Verzeichnis nehme ich mit.

Inzwischen herrscht Dauerregen. Grau in grau, hinter einem Regenvorhang, präsentiert sich mir die Altstadt von Salzburg. Ich suche in dem Viertel der preiswerteren Hotels und Pensionen nach einem Zimmer und bekomme eins im dritten Haus, in dem ich frage: Pension Jahn, Elisabethstraße Ecke Jahnstraße.

Nach dem Duschen und Umziehen gehe ich zu Fuß in die Stadt. Es regnet. Im „Café Bazar“ kehre ich ein. Ein großer hoher Saal mit vielen kleinen runden Tischchen umfängt mich. Ich setze mich. Die Bedienung kommt: „Eine Portion Kaffee?“ „Ja. Und Kuchen hätte ich gerne.“ „Ich rufe meine Kollegin.“ Ich bekomme den Kaffee, eine große Tasse auf einem silbernen Tablett; neben der Tasse steht noch ein winziges Milchkännchen aus Porzellan und ein Glas Wasser. Der Kaffee ist mächtig

stark und es tut gut, dass auch das Wasser dabei ist. Endlich kommt die Kollegin – mit einem riesigen Tablett voll mit verschiedenen Kuchen- und Tortenstücken. Sie stellt das Tablett mit einer Ecke vor mich auf den Tisch. Ich suche mir ein Stück Schokoladenkuchen mit Marzipanröllchen drauf und Mandelstiftchen drin aus und einen Apfelstrudel. „Der ist ganz frisch! Mit Schlag?“ „Ja, bitte.“ Sie nimmt meinen Teller mit den ausgesuchten Stücken drauf mit und bringt ihn mir mit Schlagsahne zurück. Ich muss den Kuchen sofort bezahlen, nur den Kuchen. Schmeckt wirklich köstlich! Als ich später der Kaffee-Bedienung zurufe „Ich möchte den Kaffee bezahlen“, schickt sie mir den Kaffee-Kassierer.
Ich bummele durch die Neu- und Altstadt und kaufe mir einen Stadtführer, damit ich weiß, was ich morgen besichtigen kann. Im Gasthof „Bräugarten“ in der Altstadt esse ich „Forelle Müllerin Art“, schreibe in mein Tagebuch und lese im Stadtführer.
Eine alte Frau setzt sich zu mir an den Tisch, an dem ich bisher allein bin. Weil ich mich aufs Schreiben konzentriere, kriege ich nicht mit, was sie zu essen bestellt. Die Bedienung bringt ihr einen ziemlich großen, gelblich-weißen Kegel auf einem Teller. Sie löffelt daran. Ich schreibe weiter. Als ich wieder auf diesen Kegel schaue, quillt oben rote dampfende Soße mit Himbeeren raus. „Das sieht ja aus wie ein ausbrechender Vulkan!“ meine ich erstaunt zu ihr. „Das ist Salzburger Nockerl“, klärt sie mich auf; „ich bestelle sie immer mit heißen Himbeeren, normal sind sie kalt, aber mit heißen schmeckt es besser. Besteht hauptsächlich aus Eiweiß und Zucker.“
Mein Blick fällt auf die alten großen Gemälde, die an den Wänden hängen. Eins zeigt die Verhandlung mit

den aufständischen Bauern 1525, die bedrohlich ihre Waffen in die Höhe recken.
Im strömenden Regen kehre ich zurück zur Pension und hänge meine nassen Sachen auf Kleiderbügel an die Schranktüren.

Samstag, 5. Oktober – Der Himmel auf Erden im Barock

Ein sonniger Tag, gerade richtig, um Salzburg kennen zu lernen! Erst einmal laufe ich zum nahen Hauptbahnhof, um mir die Fahrkarte für die Heimfahrt morgen zu kaufen. Nur für den Zug um 6.18 Uhr kann ich den Platz für mein Fahrrad reservieren. Da muss ich morgen sehr früh aufstehen. Hoffentlich verschlafe ich nicht.
An der Salzach entlang wandere ich zur Altstadt. Auf dem Universitätsplatz, um der Kollegienkirche herum, herrscht reges Markttreiben. Ich steige auf zur Festung Hohensalzburg, die hoch über der Stadt thront. Hier fühlten sich die Fürstbischöfe sicher und ihre Macht und ihr Reichtum waren gut geschützt. Ich betrete das Schlafgemach. Hierher hatten sich die Bischöfe den Himmel auf die Erde geholt mit goldenen Knöpfen an der blauen Decke, die wie Sterne funkeln. Überall sind reich vergoldete Schnitzereien zu sehen. Ein riesiger Kachelofen, bei dem jede Kachel ein eigenes Kunstwerk ist, gab himmlische Wärme im kalten Winter. Dieser ganze Prunk und Reichtum musste ja von irgendwo herkommen. Ich kann mir vorstellen, dass die Bauern des Landes bis über die Grenzen ihrer Möglichkeiten belastet wurden durch Abgaben und Frondienste und ihnen zuletzt nur noch der Aufstand gegen die Obrigkeit blieb, einfach, damit ihnen das Nötigste zum Leben

blieb. Sie belagerten die Festung, konnten sie aber nicht einnehmen. Sie wurde nie erobert. Napoleon allerdings wurde sie kampflos übergeben.
Gegen Ende des Zweiten Weltkrieges weigerte sich der zuständige Kommandant, dem Befehl Hitlers Folge zu leisten, Salzburg bis zum letzten zu verteidigen. Er übergab die Stadt den Amerikanern und vermied so die Zerstörung Salzburgs sowie das sinnlose Sterben vieler Menschen.
Den Himmel auf Erden in der religiösen Vorstellung des Barock entdecke ich auch im Dom. Aus riesigen hellen Steinblöcken gefügt hebt er die Kuppel nach oben. Mein Blick wird dorthin gezogen. Die gewölbte Decke lastet schwer auf den mächtigen Säulen. Wie klein die Menschen in diesem riesigen Bauwerk wirken! Kleiner aber noch wirken sie draußen in der freien Natur, dort jedoch nicht unterdrückt von so viel in Stein gehauener menschlicher Machtdemonstration, sondern frei.
Nach einem Mittagsschläfchen in der Pension klettere ich die Stufen zum Kapuzinerberg hoch. Die Altstadt präsentiert sich von hier in voller Pracht. Anschließend gehe ich zum Schloss Mirabell. Hier hielten sich die Fürstbischöfe gern im Sommer auf und genossen das Leben in den schönen Parkanlagen mit ihren Freundinnen. Das stelle ich mir ganz wirklich vor, während ich, wie viele andere Menschen auch, umhergehe, die Wasserspiele beobachte und mich an den weit geschwungenen Reihen rot blühender Begonien auf grünem Rasen erfreue. Und im Land draußen mussten die Bauern hungern und womöglich noch in harter Arbeit das Salz abbauen, von dessen Verkaufserlös Salzburg reich wurde.

Schloss Mirabell ist jetzt das Rathaus von Salzburg und der Park ist für das ganze Volk zugänglich.
„Lange Nacht der Museen", so heißt die Veranstaltung, die heute Abend beginnt, erfahre ich beim Eingang des Barockmuseums. Ich kaufe mir die Eintrittskarte, mit der ich Zugang zu sämtlichen Museen der Stadt habe.
Weil ich morgen so früh raus muss, packe ich in der Pension schon meine Taschen und gehe dann wieder zurück in den Mirabell-Garten, der jetzt durch viele Fackeln beleuchtet ist. Im Barockmuseum betrachte ich die Bilder, es sind hauptsächlich Entwürfe italienischer Meister für die Deckenbemalung von Kirchen. Alles schwebt auf Wolken und fette Kleinkind-Engelchen sind fast auf jedem Bild dabei.
In der Eingangshalle des Museums ist ein großes Bett im barocken Stil aufgebaut mit goldbestickten Decken und Kissen, umgeben von schwebenden Engeln und brennenden Kerzen. Besucher können sich verkleiden und auf das Bett setzen. Sie trinken Wein. Eine Malerin, auch barock gekleidet, sitzt dazwischen und malt mit Aquarellfarben einen Barockengel aus Gips ab. Neben dem Bett spielt eine Drei-Mann-Kapelle handgemachte ungarische Volksmusik. Dieses lebendige Bild strahlt Leichtigkeit und Lebensfreude aus. Aber, wie gesagt, nur wenigen war damals so ein Leben vergönnt. Die Bauern wurden darauf vertröstet, es nach ihrem Tod im Himmel zu erleben. Mit leerem Magen jedoch konnten sie an solche Vertröstungen nicht glauben. Sie wollten mit ihren Protesten die Herrschenden auf die Not der Armen aufmerksam machen, sie herunterholen aus ihrer selbstgebauten Himmelswelt, in der die Herrschenden wohl jeden Sinn für Realität und Gerechtigkeit verloren hatten.

Mit dem Bus fahre ich zur Residenz. Ich schreite durch die Prunkräume: Himmlische Räume, noch größer und weiter als in der Festung, bewohnt damals von nur einer einzigen Person: Dem Fürstbischof. Seidentapeten und Stuck wechseln einander ab. Überall ist der Fußboden mit Parkett belegt und ein großer Ofen steht in jedem Raum. Hier in der Residenz traf sich der Fürstbischof auch mit Gästen und zu Verhandlungen, wie das „Sitzungszimmer" verrät. Vorzimmer und Audienzzimmer sind auch dabei.
Das Bett im Schlafzimmer wirkt winzig in dem riesigen Raum.
Im Dommuseum fallen mir die Hirtenstäbe der Bischofsstatuen auf: Die Stäbe sind so reich mit vergoldeten Schnitzereien verziert, dass sie zum Retten Verlorener völlig ungeeignet sind: Der Haken ist nicht mehr offen, er ist mit Ornamenten „zugewuchert". Ich entdecke da viel Symbolik, die den Fürstbischöfen wohl nicht bewusst war.
Im Dom treffen sich die Besucher hinter der Orgelbank und der Organist erklärt die Orgelmusik des Barock und bringt Beispiele zu Gehör. Leichtigkeit und Lebensfreude sind auch in der Musik spürbar, zur Vollendung gebracht durch Mozart, der in Salzburg geboren ist.
Ich kehre zum Mirabell-Garten zurück, beobachte noch ein Mal das Treiben auf dem barocken Bett und mache mich auf den Weg in die Pension, denn die Museumsbesuche haben mich müde gemacht. Ich hätte drei weitere Stunden die Auswahl von noch 30 Museen gehabt, aber es ist genug.
In der Pension stelle ich den Wecker, den mir der Wirt zur Verfügung gestellt hat, und gehe schlafen.

Blick aus dem Mirabellgarten auf den Dom und die Festung Hohensalzburg

Sonntag, 6. Oktober – Abreise aus Salzburg

Auch ohne das Klingeln des Weckers abzuwarten werde ich wach und mache mich zur Abreise fertig. Ich drücke auf die Nachtglocke, der Wirt lässt mich hinaus, öffnet das Hoftor und ich radele zum Bahnhof. Es ist regnerisch und noch dunkel. Im Zug finde ich den reservierten Platz für mein Fahrrad und im Nebenraum für mich.

Bald radl' i am Neckar, bald radl' i am Rhein

den Neckar entlang und
über den Schwarzwald zum Rhein

Sonntag, 13. Juni – Klebriger Lehm und steile Hänge im Odenwald

Jutta bereitet mir noch einen Reiseproviant für unterwegs, ich hänge die Taschen ans Rad, ein Kuss und auf geht's.
Nach hundert Metern kommt es mir in den Sinn: „Ich habe vergessen, einen Schraubenzieher einzupacken." Schnell zurück, alles durchsucht, einen gefunden, nicht den, den ich eigentlich wollte, egal - in die Tasche damit und los!
Durch die Bulau führt mich mein Weg nach Kahl; bei Seligenstadt setze ich mit der Fähre über den Main über und radle am linken Mainufer bis Stockstadt. Von Schlierbach bis Klein-Umstadt wiederhole ich in umgekehrter Richtung noch einmal die Teilstrecke des Moret-Triathlon, an dem ich gestern teilgenommen hatte. Der Triathlon steckt mir noch in den Beinen, das spüre ich, wenn es bergauf geht.
Von Groß-Umstadt in Richtung Habitzheim führt die Strecke über Feldwege, teils asphaltiert, teils mit Gras bewachsen, zwischen riesigen Feldern hindurch: Erdbeeren mit Selbstpflückern zwischen den Reihen, Rüben, Weizen, Kamille, Mais, Kartoffeln. Ein Weg ist mit Schlamm überdeckt, die starken Regenfälle der letzten Tage haben den gelben Lehmboden aus den vertikal

angelegten Kartoffelreihen ungehindert herausschwemmen können. Ich verstehe nicht, warum man die Reihen nicht horizontal anlegt, so wie ich es in Brasilien kennen gelernt habe: „a nivel", mit geringem Gefälle, damit das Regenwasser ganz langsam abfließt ohne die Erde mitzunehmen. So wird Erosion verhindert. Warum macht man das hier nicht? Sind vielleicht die großen Maschinen nicht in der Lage, die Reihen entsprechend anzulegen oder fehlt einfach die Zeit dazu, die Reihen mit Lot und Dreieck auszumessen, um sie horizontal anzulegen, in Kurven, den Höhenlinien angepasst?

Der Lehmmatsch klebt an den Reifen und setzt sich in den Schutzblechen fest. Im nächsten Wald suche ich mir Stöckchen und kratze das Gröbste heraus.

Weiter führt mich der Weg über Reinheim, Groß Bieberau, Fränkisch Crumbach, steil bergauf und bergab, durch den Wald, manchmal muss ich schieben. Mir fällt auf, dass der Odenwald steilere Hänge hat als der Vogelsberg oder der Spessart.

Von Bockenrod bis zur Kreuzung der Bundesstraße 460 geht es nur bergauf, ich schaffe es gerade so, ohne abzusteigen.

Nach der Kreuzung kann ich das Rad einfach rollen lassen auf einem ehemaligen Bahngleis, das zu einem schönen Radweg ausgebaut ist. Schnell bin ich in Waldmichelbach; beim alten Bahnhof, der jetzt Jugendtreff ist, komme ich heraus.

Hier in Waldmichelbach befindet sich ein Campingplatz, den steure ich an. Heute muss ich nicht mehr fahren, ich schone mich lieber noch wegen der sportlichen Anstrengungen gestern. Der Kilometerzähler zeigt 99,6 Kilometer an, als ich auf dem Campingplatz bin. Nach der Anmeldung folgt die übliche Routine: Zelt aufbauen, duschen gehen, Wäsche waschen, Abendessen bereiten, in den Ort zum Eis essen gehen, Weiterfahrt für morgen planen beim Bier in der Campinggaststätte. Hier sitzen einige Rentner, die über ihre Renten und Steuerprobleme und Krankheiten diskutieren.

Montag, 14. Juni – Weinberge, Kirschen und Segelboote

Bei strahlend blauem Himmel breche ich auf zu meiner nächsten Etappe. Kurz hinter dem Campingplatz steht eine Schule und gerade kommt eine Oberstufenklasse, die in der ersten Stunde Sportunterricht hat, angejoggt. Vorneweg rennen die Mädchen, einige rufen mir ein fröhliches „Hallo!“ zu, dann folgen die Jungen, sie sehen mich nicht; zum Schluss läuft der Sportlehrer in einem viel zu dicken Trainingsanzug, er mag wohl denken: „So langsam wie die laufen - ich muss mich ja irgendwie warm halten.“
Hinter Waldmichelbach ist die Straße nur noch abschüssig und windet sich durch Wälder und kleine Dörfer zum Neckar hinunter. Alte Bauernhäuser haben die Stalltüren zur Straße hin. Ich stelle mir vor, wie früher, als es noch keine Autos gab, das Vieh aus dem Stall direkt auf die Straße lief, um zur Weide gebracht zu werden.
Bald bin ich in Hirschhorn am Neckar. Malerisch liegt das kleine Städtchen am Hang des Odenwaldes am Wasser. Darüber thront eine Burg.
Der Radweg am Neckar ist wunderschön und durchquert Wald, der ab und zu einen Durchblick auf den Neckar zulässt, auf dem Lastkähne dahintuckern. Weitere Burgen stehen stolz am anderen Ufer: eine Burg

wacht über Zwingenberg und dort zeigt die Hornburg bei Neckarzimmern ihre wehrhaften alten Mauern.
Bei Zwingenberg muss ich mit der kleinen Fähre übersetzen; in Neckargerach, drei Kilometer weiter, fahre ich wieder herüber. Die Stadtsilhouette von Bad Wimpfen ist rechts oben auf der Höhe zu sehen: Hohe Wehrtürme und Kirchtürme recken sich beeindruckend in den Himmel.

Hirschhorn am Neckar

Gegen Mittag wird mir richtig schwach in den Beinen, eine kleine Pause mit Speckbrötchen bringt mir die Kräfte zurück. Bei der Kaffeepause in Nordheim mit Stehkaffee und Erdbeerkuchen tanke ich die nötige Energie für die Fahrt durch die Weinberge bis Lauffen. Bergauf und bergab – bergauf und bergab – Weinberge, soweit das Auge reicht. Ab und zu steht ein Kirschbaum dazwischen. Die Süßkirschen könnten noch einige Tage Sonne vertragen, um ihre Süße vollends zu entwickeln,

aber sie schmecken schon ganz gut, vor allem erfrischend.
Als ich eine Kirsche zum Mund führe, sehe ich neben ihr eine riesige grüne Raupe auf meinem Finger sitzen. Vor Schreck schleudere ich alles fort.
Der Neckartal-Radweg ist meistens gut ausgeschildert, aber nicht immer. Zweimal muss ich umkehren, weil der Weg sich in Wiesen verliert. In Lauffen weiß ich nicht mehr weiter. Wo sind die Wegweiser des Neckartal-Radweges? Oder habe ich ein Schild übersehen? Ich frage einen jungen Mann, wo es in Richtung Kirchheim geht. Er kann mir nur die ungefähre Richtung zeigen, den Radweg am Neckar kennt er nicht, er ist sicher kein Radfahrer. Eine ältere Frau weiß den Weg und beschreibt ihn mir ausführlich, ich kann ihr Schwäbisch nur mit Mühe verstehen: „Bei der Turnhalle geht es zum Neckar. Achten Sie auf die Turnhalle!" „Ja, bei der Turnhalle", wiederhole ich, damit sie weiß, ich habe verstanden. Ich fahre und finde den Weg, nur die Turnhalle sehe ich nicht. Aber da ist ja der Segelhafen, von dem hatte die Frau so nebenbei auch gesprochen. Das sieht ungewöhnlich aus: Weinberge reichen bis zum Wasser des Neckar und bilden den Hintergrund für die davor mit vollen weißen Segeln kreuzenden Segelboote.
Zwischen Lauffen und Kirchheim begleitet mich ein älterer Radfahrer und lotst mich sicher durch Kirchheim.
Im netten Städtchen Besigheim nehme ich mir ein Hotelzimmer. Campingplätze gibt es hier weit und breit keine. Hier ist nur Platz für Weinberge.
Im Restaurant „Hirsch" setze ich mich draußen hin. Hübsch ist es hier mit den malerischen Fachwerkhäusern. Nur eins stört: Viele Autos zwängen sich durch die engen Gassen.

Am Abend will ich noch mal den Wein der Gegend probieren. Im Hotel „Ortel" frage ich nach einem lieblichen Wein. Die Bedienung bringt mir einen Trollinger Rotwein. Er schmeckt voll und etwas fruchtig, aber doch eher trocken.
Um den dicken runden Wehrturm kreisen die Mauersegler. Der Aborterker weist nach außerhalb der Stadt. Damals wird sicher so mancher Wachmann bei anrückenden Feinden gedacht haben: „Ich scheiß' drauf."

Dienstag, 15. Juni – Weiterkommen trotz Irrfahrten, Kochen im Schlafsack

Bedeckt und kühl ist es heute Morgen, zum Glück, sonst hätte ich meine Jacke, die ich bei der Hotel-Rezeption liegen gelassen hatte, nicht noch geholt.
Der Weg führt mich wieder bergauf und bergab durch Weinberge. In Freiberg brauche ich eine „Orientierungsfahrt" quer durch die Stadt, um mich zurecht zu finden. Zwei Krawatten tragende Herren erklären mir den Weg zum Neckar, der Radweg wechselt auf die andere Seite des Flusses, was meiner Radkarte widerspricht, auf der der Radweg auf dieser Seite eingezeichnet ist.
In Remseck überquere ich wieder den Neckar auf einer Brücke. Im Einkaufszentrum versorge ich mich mit Erdbeeren und Mineralwasser und einem Pizzabrötchen.
Der Weg weiter am Neckar wird immer schmaler, ich kann nicht mehr weiterfahren. Also schiebe ich das Rad einen steilen Weg hoch zur Straße und setze meinen Weg fort. Er führt mich über Höhen hinweg.

Wo ist bloß der Neckar geblieben? Da endlich ist er wieder. Nein, nach ausführlichem Studieren der Karte ist es nicht der Neckar, es ist die Rems. Kurz vor Waiblingen mache ich Rast auf einer Bank im lieblichen Rems-Tal. Um den Weg zum Neckar zurückzufinden, muss ich viele Leute fragen, zunächst ein Ehepaar beim Spazieren gehen. Zuerst erklärt mir die Frau den Weg. Dann wiederholt es noch einmal der Mann, als hätte es, seiner Meinung nach, die Frau nicht ganz richtig gesagt. Für mich ist es in Ordnung, die Beschreibung zweimal zu hören, so kann ich mir den Weg besser merken.
Trotzdem: Nach einigen hundert Metern weiß ich schon wieder nicht weiter und frage einen Herrn mit Hund an der Leine und Handy am Ohr. Er macht nur ungenaue Angaben, weist ungefähr in die Richtung, in die ich fahren muss. Tatsächlich finde ich den Radweg wieder, der aber ganz plötzlich auf einer Straßenbaustelle endet. Ich bin von ohrenbetäubendem Lärm umgeben: Ein Riesenlaster lädt gerade dampfenden Asphalt ab, eine Riesenwalze macht ihn platt. Ich brülle durch den Lärm hindurch einen Arbeiter an, um nach dem Weg zum Neckar zu fragen. „Immer geradeaus!" schreit er zurück und winkt mit dem Arm das Stück Straße entlang, das noch nicht asphaltiert ist, nur geschottert, also besteht nicht die Gefahr, dass ich mit dem Rad im noch weichen Asphalt versinke und kleben bleibe.
Ich radle also den Schotterweg weiter, eingehüllt in eine Staubwolke. Da kommen mir an der Ausfahrt der Baustelle ein Mann und eine Frau entgegen, beladen mit einer Riesen-Messlatte und einem Vermessungsgerät mit Stativ, sicherlich haben sie auch mit dem Straßenbau zu tun. Ich frage sie nach dem Weg zum Neckar und die beiden erklären mir, wie ich von hier aus weiterkomme.

An einer Bahnlinie entlang finde ich einen Radweg, der mich direkt nach Bad Cannstatt führt. Dort frage ich einen Mann mit Hund, der mich beschnüffelt, dann Schülerinnen, die gerade von der Schule kommen und ein Pärchen. So finde ich tatsächlich den Neckar und ich habe wieder den typisch mulmigen Geruch dieses Flusses in der Nase.
Der Weg führt weiter am Neckar entlang, bis auf die Abschnitte, bei denen ich wieder Angst habe, ihn zu verlieren; ich frage lieber den erst besten Menschen, den ich sehe, bevor ich mich wieder verfahre. Einige Orientierungsfahrten sind jedoch noch nötig, vor allem in Esslingen.
Je näher ich an Tübingen herankomme, desto besser ist der Radweg ausgeschildert und desto mehr Rennradfahrer, Inlineskater und normale Radfahrer bevölkern den Radweg.
In der Innenstadt von Tübingen ist die „Orientierungsfahrt“ ausführlicher. Ich komme an dem alten Universitätsgebäude vorbei, der Dichter Hölderlin begegnet mir als Statue und auf Gedenktafeln. Überall stehen Grüppchen mit Stadtführern und lassen sich alles erklären; mich interessiert nur der Weg zurück zum Neckar. Ich frage mehrere Leute und finde den Radweg wieder auf der anderen Seite.
Es muss doch bald der auf der Karte verzeichnete Campingplatz kommen! Ich frage eine Gruppe Radlerinnen, die ich überhole: „Gibt es hier in der Nähe einen Campingplatz?“ „Ja, gleich hinter der nächsten Kurve!“ Tatsächlich, nach nur hundert Metern stehe ich vor dem Eingangstor zum Campingplatz.
Ich baue das Zelt auf und mache mich ans Essen kochen. In Plochingen hatte ich eingekauft: Reis und Schweinegeschnetzeltes und Aprikosen. Ich koche erst

Wasser und werfe dann den Kochbeutel Zehn-Minuten-Vollkornreis hinein. Nach fünf Minuten nehme ich den Topf vom Kocher und wickle ihn in meinen Schlafsack ein, so bleibt die Hitze im Topf erhalten und der Reis kann darin zu Ende kochen. Das spart Gas. Währenddessen kann ich das Nächste zubereiten. Ich erhitze nun Fett in der Pfanne und brate Zwiebeln, Knoblauch und Curry an. Dann kommt das Fleisch dazu. Als es fast durchgebraten ist, füge ich noch die kleingeschnittenen Aprikosen bei. Alles zusammen brät noch etwas weiter. Inzwischen hole ich den Reis aus dem Schlafsack, er ist wunderbar weichgekocht, genau richtig. Ich schütte ihn in meinen Edelstahl-Teller (der vorher als Deckel für die Pfanne diente) und schalte das Gas aus. Ein sehr schmackhaftes Essen ist fertig. Ich habe einen Riesen-Hunger und werde satt.

Dieses Rezept habe ich in den folgenden Jahren noch verfeinert: Statt Aprikosen nehme ich eine frische Mango. Der etwas herbe Geschmack dieser Frucht passt gut zum Curry. Zum Schluss kommt noch Crème Fraiche dazu, was den Geschmack noch einmal verbessert.

Ich setze ich mich noch zu einem Glas Radler in die Campinggaststätte, um Tagebuch zu schreiben. Viele Gäste sehen im Fernsehen begeistert die Fußball- Europameisterschaft. Ein Mann spricht mich an: „Sie schreiben Tagebuch? Sind Sie mit dem Rad unterwegs?“ „Ja, Sie auch?“ frage ich zurück. „Nein, aber vor einigen Jahren habe ich mit einem Freund eine Radtour durch Italien gemacht und auch Tagebuch geschrieben. Es ist schön, wenn man die Erlebnisse später noch mal nachlesen kann.“

Mittwoch, 16. Juni – Geführte Radtour, große Tortenstücke und eine fleißige Rosenschere

In der Nacht prasseln Regentropfen auf das Zeltdach und wecken mich. Beim dann gleichmäßiger werdenden Trommeln des Regens schlafe ich wieder ein.
Am Morgen hat es aufgehört zu regnen und ich stehe auf. Um 6.30 Uhr will ich meine älteste Tochter Dorothee anrufen, um ihr zum Geburtstag zu gratulieren, aber ich erreiche sie nicht, sie hat wohl ihre Telefone noch nicht eingeschaltet.
Bei bedecktem Himmel fahre ich los. Es sieht so aus, als würde es bald wieder anfangen zu regnen. Aber nein, im Gegenteil, immer mehr blauer Himmel lässt sich sehen. Um 9.30 Uhr antwortet endlich Dorothee am Telefon; sie ist in Darmstadt gerade mit dem Fahrrad unterwegs zur Fachhochschule.
Der Neckar ist jetzt ein größerer Wildbach, er riecht nicht mehr mulmig, sondern zeigt sich als ein junges frisches Flüsschen mit erfrischendem Duft.
In Mühlen steigt der Radweg plötzlich steil an, ich schalte nicht rechtzeitig herunter, es knackt im Getriebe und ich muss das vor mir liegende kurze steile Stück schieben.
Rechts am Weg liegt malerisch ein alter jüdischer Friedhof. Ich steige ab und mache ein Foto. Da kommt eine Radwandergruppe den Weg herauf. Die Leiterin, eine energiegeladene Frau in den mittleren Jahren, gibt ein Zeichen zum Anhalten und erläutert kurz den Friedhof. Sie lädt mich ein mitzufahren. Sie sei mit ihrer Gruppe auf dem Weg nach Glatt. Das ist ein Stück die gleiche Strecke, die ich auch fahren will und ich schließe mich der flotten lustigen Gemeinschaft an. Wie ich erfahre,

gehört die Radgruppe zu einem Sportverein und trifft sich jeden Mittwoch zu einer Fahrt.
Ich erzähle von meinem Vorhaben, von Horb aus in den Schwarzwald zu fahren. Als Ortskundige empfiehlt mir die Leiterin einen angenehmeren Weg durch das Tal des Flusses Glatt. Im gleichnamigen Ort Glatt habe sie für die Gruppe Kaffee und Kuchen vorbestellt. Ich komme auf den Geschmack, als sie von selbst gebackenen Kuchen in großen Stücken erzählt. „Das passt ja gut", sage ich, „dann wollte ich sowieso Mittagspause machen."
Einige der Radler staunen über mein vieles Gepäck. „Ich habe nicht mehr als nötig dabei", erkläre ich, „aber ich zelte und ich koche selbst, da brauche ich das alles." Auch der Ehemann der Leiterin fährt in der Gruppe mit. Beide organisieren, neben der Tätigkeit im Verein, Radtouren für ein Reiseunternehmen, das Fahrradreisen anbietet.
In Horb ist der Neckartal-Radweg gesperrt wegen der bevorstehenden Ritterspiele. Wie gut, dass ich mich jetzt, ohne mich durchfragen zu müssen, einfach der ortskundigen Leitung anvertrauen kann. Das ist wirklich ein erholsamer Abschnitt meiner Tour, einfach mitzufahren in einer Gruppe; das Tempo ist auch ziemlich flott und passt zu meiner gewohnten Reisegeschwindigkeit.
Wir verlassen den Neckar und biegen ins Tal der Glatt ab. Schon nach wenigen hundert Metern steht vor uns das Wasserschloss Glatt mit vier runden Türmchen, umgeben von einem breiten Wassergraben. Und daneben befindet sich das berühmte Café. Die Gruppe schiebt Tische zusammen, auch für mich wird ein Stuhl herangestellt. Als ich mal kurz gucke, was mit meinem Fahrrad eigentlich los war, als es so knackte, bekomme

ich einen Schrecken: Das zweitkleinste Ritzel ist komplett weg. Der Ritzelring muss gebrochen sein und ist dann wohl einfach abgefallen. Na ja, macht nichts, dann habe ich zwei Gänge weniger, die brauche ich sowieso selten, ich muss mehr das große Kettenblatt einsetzen, dann fällt das weiter gar nicht auf, und den Schwenkbereich des Schaltwerkes begrenze ich einfach mit der Einstellschraube auf das drittkleinste Ritzel.

Wasserschloss Glatt

Bei Kaffee und Kuchen zeigt sich jetzt erst richtig, was für eine fröhliche Schar von Menschen ich da vor mir habe. Die Kellnerin bringt die tollsten Sachen: Riesige Stücke Schwarzwälder-, Heidelbeer-, Apfel-, Erdbeer-, Zwetschgentorte. Ich habe Zwetschgentorte mit Sahne bestellt. Lecker!

Die Radler erzählen einander viele Radtouren-Erlebnisse und es wird viel gelacht.

Der Ehemann der Leiterin zeigt mir die kleine Kapelle im Schloss. Auf dem aushängenden Gottesdienstplan sehe ich, dass einmal im Monat hier Gottesdienst ist und kürzlich Konfirmation in diesem Raum gefeiert wurde.

Als ich ins Café hineingehe, um die Toilette aufzusuchen, bin ich überrascht von der Einrichtung: In den Räumen stehen gemütliche Tischrunden mit historischen Möbeln, jede Gruppe in einem anderen Stil; niedliche Sessel und Sofas laden ein, Platz zu nehmen. Eine Tischgruppe besteht sogar aus vergoldeten Sitzmöbeln.

Jetzt will ich aber los und nicht noch stundenlang weiter im Café sitzen, so gemütlich es auch mit dieser netten Gruppe ist. Ich bezahle meine Rechnung und verabschiede mich von den Radlern.

Nach einigen Minuten Fahrt halte ich an, krame einen Schraubenzieher aus der Werkzeugtasche und stelle das Schaltwerk entsprechend dem ausgefallenen Ritzel neu ein.

Das Tal der plätschernden und rauschenden Glatt führt mich mit angenehmer Steigung den Schwarzwald hinauf. Ich kann ein Tempo zwischen zwölf und fünfzehn Kilometern in der Stunde einhalten, ohne mich übermäßig anzustrengen.

Einige Kilometer vor Freudenstadt lande ich auf einmal auf einer sehr stark befahrenen Bundesstraße. Das finde

ich zu gefährlich für mich und ich nutze die nächste Möglichkeit, um die Fahrbahn zu verlassen. Dort muss ich nach dem weiteren Weg suchen und frage Passanten. Das erste, was ich von Freudenstadt erreiche, ist der Friedhof. Von da aus lasse ich mir den Weg in die Innenstadt beschreiben.
Freudenstadts Zentrum besteht aus einem riesigen quadratischen Platz, der rundherum von Gebäuden umsäumt ist, die sich durch Arkaden mit Rundbögen auszeichnen. Hinter den Bögen verbergen sich viele kleine Läden. Das riesige Quadrat wird durch eine Straßenkreuzung noch einmal in vier gleich große Quadrate unterteilt. Bänke stehen unter schattigen Bäumen und Cafés haben einladend ihre Tische und Stühle herausgestellt. Ich schreibe Ansichtskarten an meine Familie, kaufe zu essen ein und nehme dann die Straße in Richtung Baiersbronn, die mich zügig bergab zieht.
In Baiersbronn biege ich links ab, die Straße steigt wieder an. Ich passiere den Ortsteil Mitteltal, der mich mit seinen vielen Hotels an einen österreichischen Schisport-Ort erinnert.
Kurz vor Obertal liegt links an der Straße der Campingplatz, auf dem ich die heutige Etappe beende.
Eine Frau, die Rosen beschneidet, ist die Platzwartin. Ich fülle das Anmeldeformular aus, bezahle die Gebühren, kaufe eine Duschmarke sowie Apfelschorle und richte mir mein „Berghotel" gemütlich ein.
Auf den mehrfachen Wegen zwischen Zelt und Sanitärgebäude begegne ich immer wieder der Platzwartin, mal ist sie beim Blumen pflanzen, mal beim Beschneiden von Büschen, dann beim Unkraut ausrupfen. Ich lobe ihren Fleiß. „Es ist wenig Zeit, das alles zu pflegen", erklärt sie, „wir haben hier ein Dreivierteljahr Winter."

Sie berichtet mir, dass es den ganzen Mai hindurch noch fast jede Nacht Frost gegeben hätte.
Ich habe Lust auf einen Abendspaziergang, steige auf der gegenüberliegenden Straßenseite einen schmalen Wanderweg hinauf und genieße die Aussicht auf die umliegenden Berge und ins Tal im Licht der Abendsonne.

Blick vom Schwarzwald bei Baiersbronn in Richtung Rheintal

Als ich in der Abenddämmerung von dem kleinen Bergspaziergang zurückkomme, macht sich die Platzwartin gerade mit der Rosenschere in der Hand an der Einfahrt des Campingplatzes zu schaffen. „Sie nutzen das Licht ja bis zum Schluss“, sage ich anerkennend. Ich frage, ob auch im Winter Campinggäste da seien. Sie unterbricht ihre Arbeit und erzählt: „Ja, wir haben das ganze Jahr offen.“ Dann berichtet sie von einem jungen Mann, der nicht das Geld hatte, um sich ein Zimmer zu mieten und sogar im Winter in einem kleinen Zelt auf dem Campinglatz wohnte. „Bei minus sechzehn Grad! Er hatte sein Zelt mit Styropor isoliert. Einmal lag der Schnee höher als das Zelt.“ Sie erzählt, wie sie das nicht mehr mit ansehen konnte und für ihn einen Platz im Obdachlosenheim in Freudenstadt reservieren ließ. Er sei auch ein paar Tage dort gewesen, es wäre ihm aber zu laut gewesen und er hätte auch sein Zimmer mit jemand anders teilen müssen, da sei er zurückgekommen, weil er lieber allein sein und seine Ruhe haben wollte.

Begeistert erzählt sie von der Wintersport-Weltmeisterschaft der Behinderten in Baiersbronn im vergangenen Winter. Sie war sehr beeindruckt davon, welch hohe sportliche Leistungen Menschen mit Behinderungen erreichen könnten.

Nach einem kurzen Plausch mit einem Camper-Ehepaar aus dem „Radlerparadies Münster“ gehe ich schlafen. Vor allem sehne ich mich nach dem warmen Schlafsack, denn es ist inzwischen empfindlich kühl geworden. In der Nacht friere ich gelegentlich.

Donnerstag, 17. Juni – Abfahrt zum Rhein und mobiler Kleinstgarten

Am Morgen ist es richtig kalt. Doch als ich meine Reise fortsetze, muss ich schon nach wenigen hundert Metern bergauf strampeln die Jacke und die lange Hose ausziehen.

Die Sonne scheint. Ein wunderschön langsam ansteigender Radweg führt mitten durch Fichten-Bergwald. Nach etwa zwei Stunden erreiche ich den Ruhestein (900 m ü.N.N.).

Bevor ich ins Rheintal hinabrausche, stelle ich mein Rad am Sessellift ab und laufe ungefähr zwei Kilometer einen Wanderweg nach oben. Ich bin im sogenannten Bannwald. In diesem Wald lässt man die Bäume wachsen und umfallen wie sie wollen. Einige sehr große Fichten sind abgestorben, zum Teil stehen sie noch, zum Teil sind sie umgestürzt; sie sehen aus wie Skelette von riesigen Dinosauriern. Dann überquere ich Flächen mit buschartig wachsenden Kiefern. Stellenweise lassen die Baumstämme einen Ausblick auf ferne Höhen zu oder, auf der anderen Seite, in das im Dunst liegende Rheintal. Zurück beim Fahrrad ziehe ich die Jacke wieder an, denn es bläst ein eisiger Wind. Acht Kilometer geht es bergab bei einem Gefälle von sieben bis acht Prozent, wie Schilder am Straßenrand verraten. Ich bremse abwechselnd vorne und hinten, damit die Bremsbeläge immer wieder etwas abkühlen können und mir nicht wegschmelzen. Hoffentlich sind die Felgenflanken noch dick genug!
Wohlbehalten, aber durchgefroren, komme ich in Kappelrodeck an. Bis nach Achern radle ich durch Obstbaumplantagen, halte ab und zu an und pflücke mir süße schwarze Kirschen direkt in den Mund. Die Landschaft ist vollkommen flach geworden. Hinter mir bleiben die Höhen des Schwarzwaldes zurück. Ich komme gut voran. Die Luft ist jetzt warm.
Am frühen Nachmittag erreiche ich nach 58 Kilometern das „Freizeit-Centrum Oberrhein" bei Stollhofen (Ortsteil der Gemeinde Rheinmünster).
Auf diesem Campingplatz fühle ich mich vom ersten Moment an sehr wohl. Moderne, sehr gepflegte Sanitäranlagen und kleine künstlich angelegte Badeseen in der Mitte zeichnen ihn aus. Auch die mit Dauercampern belegten Flächen wirken ordentlich und trotzdem natür-

lich durch viele Bäume und Büsche, die zwischen den einzelnen Parzellen wachsen. Auf den Seen schwimmen Enten und Haubentaucher.
Dauercamper haben ihre Parzelle von etwa 50 Quadratmetern liebevoll gestaltet: In winzigen Gärtlein wachsen Rosen und kleine Bäumchen - sogar einen Mini-Gartenteich entdecke ich. Die Wohnwagen sind schon Jahre lang nicht mehr bewegt worden und zeugen von früheren Zeiten, als die Besitzer noch mobiler waren.
Im Bereich der durchreisenden Camper ist alles offener, hier sind keine Hecken zwischen den Parzellen gepflanzt, aber schnell ist auch hier so etwas ähnliches wie ein kleines Gärtlein entstanden: ein grüner Kunststoffteppich vor den Wohnwagen gelegt und ein Klapptisch mit Klappstühlen drum herum daraufgestellt: Fertig ist die Atmosphäre des eigenen Heimes mit Garten. Es gibt eben manche Leute, die haben ein Stück Mentalität von Nomaden im Blut. Ich ja auch. Viele Menschen in Deutschland wohnen in großen Wohnungen, im Urlaub als Camper lieben sie es dann klein. Auf dem Campingplatz leben sie in einem überschaubaren Minihaushalt, scheinbar eingeengt, in Wirklichkeit aber verbunden mit der Weite der Natur und offen für die Menschen um sich herum. Camper sind untereinander wohl immer gute Nachbarn. Ich habe da schon viel Hilfsbereitschaft erfahren. Es ist einfach leichter, hier aufeinander zuzugehen als im richtigen Leben, wo man distanzierter voneinander lebt.
Vor lauter Erkunden des Parks weiß ich auf einmal nicht mehr, wo der Ausgang ist, in dessen Nähe ich mein Zelt aufgebaut habe. Ich frage einen Camper, der mir auf einem Fahrrad entgegen kommt. Er zeigt mir freundlich den Weg und sagt, das sei ihm früher, als er das erste Mal hier war, auch passiert.

In der Nähe der Campinggaststätte sind irgendwelche besonderen Vögel in einer großen Voliere, die wie Menschen pfeifen. Neugierig nähere ich mich: Einige Pfauen stolzieren umher. Haben die gepfiffen? Ich pfeife, vielleicht bekomme ich Antwort. Auf einmal kommt ein tiefroter Papagei mit lila Brust angeflogen und hört mir aufmerksam zu. Aber er wiederholt mein Pfeifen nicht, muss wohl noch darüber nachdenken, er sieht jedenfalls sehr intelligent aus mit seinen wachen glänzenden Augen. Ein weiterer Papagei fliegt herbei, dieser knallgrün. Auch er hört mir zu, dann fangen beide Papageien an, sich zu streiten und beachten mich und meine Pfeifversuche nicht mehr.

Freitag, 18. Juni – Fahrradschnellstraße Rhein-Hauptdeich

Heute ist es bewölkt und mäßig warm; es weht ein kräftiger Wind – als Rückenwind! So komme ich ziemlich schnell voran, meist auf dem Rhein-Hauptdeich, zum Teil ist der darauf entlangführende Radweg frisch asphaltiert, zum Teil noch geschottert. An einigen Stellen wird der Weg gerade neu gemacht. Probleme gibt es bei der Brücke in der Nähe von Iffezheim, wo es nach Frankreich hinübergeht. Auf dieser Straße ist das Radfahren unmöglich durch sehr viel Autoverkehr, der vor allem aus riesigen Lastwagen besteht.
Einen Radweg kann ich nirgends entdecken. Schilder, die den Fortgang des Radweges anzeigen sollen, fehlen. Da stehen zwar einige kleinere alte Schilder, die sind aber durch die Einwirkung der Witterung unleserlich geworden. Ein Radlerehepaar aus Holland, etwa in meinem Alter, sucht auch. Sie haben eine aktuellere Karte

als ich und wir finden den Radweg. Ich verabschiede mich von den beiden, weil ich sehr viel schneller fahre als sie.
Das nächste Problem ist das Hafengebiet von Karlsruhe. Plötzlich stehe ich vor einem Werkstor, der Weg ist zu Ende. Ich drücke die Klingel. Im Lautsprecher der Sprechanlage meldet sich eine Männerstimme. „Ich stehe hier mit dem Fahrrad und suche den Radweg in Richtung Norden“, spreche ich hinein. „Moment mal, ich rufe meine Kollegin“, schallt es zurück. Bald darauf höre ich eine Frauenstimme und ich sage noch einmal, was ich will. „Moment, ich guck’ gerade mal auf dem Übersichtsplan, an welchem Tor Sie stehen. – Ah ja, also, Sie schieben das Rad links durch das Gestrüpp den Damm hinauf. Da geht’s weiter!“ „Vielen Dank!“
Tatsächlich, da zwischen dem Gestrüpp finde ich den Radweg. Nach wenigen Metern zeigen Wegweiser in entgegengesetzte Richtungen: „Landau, Pfalz“ und „Hafenschließtor“.
Ich suche Landau auf meiner Karte und finde es nicht. Auf einem anderen Fabrikgelände frage ich einen Lastwagenfahrer, der wartet, während sein LKW beladen wird. Er zeigt mir Landau auf der Karte. Den Weg nach Wörth und weiter, wohin ich will, kann er mir nur auf der Autobahn erklären.
Jetzt weiß ich wenigstens, wo Landau liegt, ungefähr zwanzig bis dreißig Kilometer westlich von Wörth, das ist nicht meine Richtung, denn bei Wörth will ich ja nur über die Brücke, um weiter den Rhein entlang in nördliche Richtung zu fahren.
„Hafenschließtor“. Plötzlich steht es vor mir: Ein riesiges Gebilde aus Stahl. Oh Schreck! Ich muss eine lange Treppe hoch und auf der anderen Seite wieder hinunter laufen. Für das Rad befindet sich eine schmale Rille an

der Seite. Mit dem Gepäck ist mein Gefährt allerdings zu breit. Ich nehme die Taschen an der rechten Seite ab und hänge sie mir um den Hals. Jetzt geht's. Mühsam schiebe ich das Rad Zentimeter um Zentimeter hinauf. Oben laufe ich über einen Gitterrost, unter mir blinkt das Hafenwasser. Dann muss ich die Treppe wieder hinab. Unten steht ein Arbeiter mit Kletterausrüstung „So, das wäre geschafft", sage ich zu ihm, als er mich interessiert anschaut und er meint: „Die hätten die Rille für das Rad ruhig etwas größer bauen können." „Wollen Sie klettern?" frage ich ihn. „Ja, ich muss da runter, um den Wasserstand zu kontrollieren. Wir warten diese Anlage." Er erklärt mir die Funktionsweise des Tores, wie es gekippt wird, um das Hafenbecken zu schließen, wenn der Rhein Hochwasser führt.
Ein weiteres Problem, das es zu bewältigen gilt, ist, wie schon auf früheren Radreisen, Ludwigshafen. Den Weg durch die Stadt zu finden war jedes Mal eine schwierige Angelegenheit, auch jetzt wieder. Am Anfang des Stadtgebietes finde ich noch die Schilder, die den Radweg nach Worms markieren, aber dann stehe ich verloren mitten in der Stadt und weiß nicht mehr weiter. Ich beginne eine Stadtrundfahrt, für die ich mir die Stadtführer selbst wähle, um mir die für mich wichtigste Sehenswürdigkeit zeigen zu lassen: Den Radweg nach Worms. Ich bekomme von etlichen Leuten Orientierungshilfen. Fast immer heißt es: „Erst mal da runter zur BASF, dann vor der BASF links weiter."
Ich finde die BASF, wäre auch unmöglich daran vorbeigefahren, ohne sie zu sehen, denn über eine Länge von mindestens zehn Kilometern erstreckt sich das Fabrikgelände. Da, der große Fahrradparkplatz mit Zig-Tausenden Werkrädern, der kommt mir bekannt vor, ich bin also richtig.

In Worms angekommen zeigt mein Tacho 160 Kilometer an. Kilometer geschrubbt, das ist die Bilanz dieses Tages; mit dem ständigen Rückenwind war das überhaupt kein Problem.
Als ich auf dem Campingplatz mein Zelt aufbaue, treffen noch mehr Radel-Camper ein: Eine Gruppe von acht Männern, dann zwei Frauen und später ein Ehepaar mit einem riesigen Zelt. Beide sitzen davor auf bequemen Klappsesseln. Das alles haben sie auf dem Fahrrad transportiert. Ich staune. Ich spreche die beiden daraufhin an und sie erklären mir in gutem Deutsch mit holländischem Akzent, dass das Zelt nur 4,4 Kilogramm wiege. „Und die Sessel, was wiegen die?" frage ich. Ich darf einen Sessel in die Hand nehmen. Fühlt sich nicht sehr leicht an: „Anderthalb Kilo schätze ich." Die beiden erzählen, sie seien von Holland aus losgefahren und wollten über die Alpen nach Florenz. Sie schreiben auch Tagebuch und genießen die Abenteuer, die sie erleben.
Ich wandere noch über die Brücke auf die andere Seite des Rheins, setze mich ans Ufer, sehe auf das Wasser und beobachte, wie es fließt. Die Lichter der Stadt spiegeln sich darin und bewegen sich im Rhythmus der Wellen.

Samstag, 19. Juni – Bilder vom Leben und unheiliger Krieg

Als ich Worms hinter mich lasse, führt der Weg durch das größte Weinbaugebiet Deutschlands, die Pfalz. Die Landschaft ist sanft gewellt; es gibt nicht so steile Hänge für den Wein wie am Neckar.
Gelegentlich kommt ein kleiner Regenschauer und ich ziehe den Regenumhang über. Der Himmel ist stark

bewölkt. Als ich Mainz erreiche, regnet es richtig stark während eines heftigen Gewitters.
Vor dem Campingplatz muss ich noch eine halbe Stunde warten; die Rezeption öffnet erst um 15 Uhr. Als es soweit ist, schlage ich das Zelt auf und fahre dann in die Stadt. Ich möchte mir gern in der Stephanskirche die Glasfenster von Marc Chagall ansehen. Die Stephanskirche liegt oben auf einer Anhöhe. Der große hohe Innenraum ist halb voll mit Menschen, alle wollen die Chagall-Fenster betrachten. Ein Mann vorne gibt Erklärungen dazu.
Ich bin tief beeindruckt von den Farben, gerade ist die Sonne herausgekommen und scheint von außen durch die Fenster und bringt die Bilder erst richtig zum Leuchten. Es überwiegt die Farbe Blau. Lebendigkeit und Leichtigkeit strahlen die dargestellten Figuren aus. Sie erzählen so anschaulich und lebendig wie die Bibel erzählt, aber anstatt mit Worten nur mit Farben und Formen, sie erzählen von den Erfahrungen der Menschen mit Gott, Gott als dem Schöpfer, der allem Lebendigen das Leben geschenkt hat.
Als ich später auf einer Bank im Dom sitze und die Wandmalereien aus dem Mittelalter zu biblischen Geschichten betrachte, empfinde ich einen starken Kontrast zu den Chagall-Bildern. Die Bilder im Dom wirken starr und unbeweglich, die vielen goldenen Heiligenscheine verstärken das Starre noch.
Draußen fällt mir ein riesiges Plakat, das am Dom hängt, ins Auge. Das Plakat weist hin auf eine Ausstellung im Dommuseum: „Die Kreuzzüge – Kein Krieg ist heilig." Das klingt interessant und ich gehe hinein. In einer Stunde schließt das Museum schon, aber ich will die Ausstellung sehen und kaufe mir die Eintrittskarte. Der Beginn der Kreuzzüge wird in knappen Texten

erläutert. Dazwischen sind Berichte von Zeitzeugen zu lesen, von Kreuzfahrt-Teilnehmern und von arabischen Historikern. Erschütternd, das Morden Hunderttausender von Menschen aus religiösem Wahn! Unglaublich, welchen Schrecken die Kreuzfahrer über die arabische Welt brachten, welch unbeschreibliches Leid! Erschreckend ist auch, dass den Kreuzzügen grausame Übergriffe auf die Juden in vielen deutschen Städten vorangingen.
Am Ausgang der Ausstellung beeindruckt mich folgendes Gedicht eines arabischen Poeten:

O Herrlichkeit! Ein Garten inmitten von Flammen.
Mein Herz ward empfänglich für jegliche Form:
Es ist eine Wiese, wo Gazellen weiden;
Es ist ein Konvent christlicher Mönche;
Es ist ein Götzentempel;
Es ist die Kaaba der Pilger;
Es sind die Tafeln der Thora;
Es ist das Koran-Buch.
Ich folge der Religion der Liebe:
Welchen Weg auch immer die Kamele der Liebe nehmen,
der ist mein Bekenntnis,
der ist mein Glaube.
(Ibn Arabi, 1165-1240)

Zurück auf dem Campingplatz treffe ich die zwei Frauen von Worms wieder. Ich halte sie für Mutter und Tochter, die eine hat weiße Haare, die andere dunkelbraune, ansonsten sehen sie einander ziemlich ähnlich. „Wir sind Schwestern" befriedigen sie meine Neugier. Die siebte Woche seien sie schon unterwegs, von Marburg nach Italien und wieder zurück. „Ich kann es mir

nicht vorstellen, wieder ganz normal zu leben, wenn ich zu Hause bin“, meint die eine.
Eine Frau mit Rucksack hat ihr Zelt ganz in der Nähe von meinem aufgebaut. Es sieht aus wie eine Riesenschildlaus, flach und rund auf dem Rasen. Drin sitzen kann man sicher nicht. Die Frau will wohl für sich allein bleiben, sie kehrt jedem den Rücken zu und schaut niemanden an.

Sonntag, 20. Juni – Gummihandschuh als Wegweiser

Bei kühler Luft, aber strahlendem Sonnenschein, steige ich aufs Rad zu meiner letzten Etappe in Richtung Heimat. Die Türme von Mainz auf dem anderen Ufer strahlen im Licht und ich halte sie im Foto fest. In Okriftel verliere ich den Radweg. Ein junger Mann, der gerade mit grüner Farbe ein eisernes Tor anstreicht, hilft mir weiter. Seine Hand im grün bekleckerten Gummihandschuh weist mir den Weg. In Höchst fahre ich über eine neue Brücke auf die andere Seite des Main. Viele Sonntagsausflügler sind heute unterwegs: zu Fuß, auf Inlinern, auf normalen Fahrrädern, Mountainbikes, Rennrädern; auch Rad-Reisegruppen schlängeln sich hintereinander den Radweg entlang. Ein etwa sechsjähriger Junge fährt auf einem Minirennrad, das sogar Klickpedale hat, hinter seinem Vater her, der auch auf einem Rennrad sitzt.
Nach 76 Kilometern Fahrt am heutigen Tag bin ich wieder zu Hause in Rodenbach.

Blick auf den Mainzer Dom

Süßer Wein und tiefe Schluchten

den Ufern der Mosel und der Saar folgend und durch die Schluchten der Nahe

Für diese Reise habe ich mir vorgenommen, zur Mosel zu fahren und diesen Fluss kennenzulernen, aber nicht nur die Landschaft an seinen Ufern, sondern auch den Wein, der an den Hängen seines Tales wächst.

Montag, 19. Juni – Gutes Packsystem und erst mal zum Main und zum Rhein.

Ich packe die letzten Sachen ein, während Jutta unsere Tochter Kathrin zum Bus bringt. Joana macht sich für die Schule fertig. Ich hole das Rad aus dem Schuppen, stelle es auf die Terrasse und hänge die Taschen dran. Mein Gepäck habe ich systematisch verteilt. Zwei Taschen hängen jeweils rechts und links vom Vorderrad auf sogenannten Lowrider-Gepäckträgern. Diese Lowrider halten die Taschen so, dass ihre Schwerpunkte etwa auf der Höhe der Radachse liegen. Das bewirkt, dass das Gewicht der Taschen beim Lenken kaum zu spüren ist. In der einen Tasche befindet sich alles, was ich zum Kochen und zum Essen gebrauche: Gaskocher, Geschirr und Besteck, Gewürze und ein Teil des Proviants. In die andere habe ich alles verstaut, was mit Waschen, Wasser und Körperpflege zu tun hat: Waschsachen, Handtücher, Wäscheleine und Wäscheklammern, Regenumhang. Von den zwei größeren Taschen hinten enthält die eine meine Kleidung, die andere den Schlafsack, ein aufblasbares Kissen und eine Lampe.

Um Gewicht zu sparen, habe ich Kleidung zum Wechseln nur in einfacher Ausführung dabei. Ich muss dann zwar jeden Abend waschen, quäle mich aber beim Bergauf radeln nicht mit allzu vielen Kilos ab. Quer über dem hinteren Gepäckträger, über den beiden großen Taschen, habe ich den Beutel mit dem Zelt und die selbst aufblasbare Luftmatratze befestigt. Die kleine Lenkertasche enthält meinen Fotoapparat, Schreibzeug, die Geldbörse und einige Müsliriegel. Am Rahmen hängt eine kleine Tasche mit Werkzeug und die Luftpumpe habe ich unter das Oberrohr geklemmt.
Dieses Pack-System hat sich bei meinen Touren sehr bewährt; alles Gepäck ist gleichmäßig über das ganze Rad verteilt und ich weiß, was in jeder Tasche steckt und finde immer schnell, was ich gerade brauche. Wenn ich unterwegs Proviant einkaufe, verteile ich ihn gleichmäßig auf alle Taschen, damit ich beim Fahren keine Probleme mit dem Gleichgewicht des Rades bekomme.
Bei einer Tasse Kaffee und Zeitung warte ich auf Jutta, bis sie zurück ist; leckere Brötchen hat sie mitgebracht. Wir genießen den warmen Frühsommer-Morgen, wunderschön ist der Garten mit den vielen Blumen; das kleine künstlich angelegte Bächlein plätschert in den Gartenteich. Ich pflücke eine Plastikdose mit Erdbeeren voll, schraube den Deckel drauf und verstaue sie in einer meiner Gepäcktaschen. Schnell noch eine Praktikumsbeurteilung für meinen Sohn Manuel zweimal kopiert; er liegt noch im Bett und ich sage ihm „Tschüß".
Ein Kuss für Jutta und eine Umarmung; ich öffne die Hintertür des Gartens und schiebe mein voll bepacktes Rad auf die Straße: Auf geht's!
In Frankfurt ist der Radweg am Mainuferweg auf das höher gelegene Deutschherrenufer verlegt. Warum, das sehe ich später: Tribünen sind rechts und links des

Mains aufgebaut und mitten im Fluss ist eine riesige Leinwand aufgerichtet worden, von beiden Seiten zu besehen, für die Zuschauer der Fußball-WM.
Kurz vor Hochheim fahre ich auf einen kleinen Kiosk zu. Ich habe Durst und bestelle mir ein Mineralwasser. Ein älterer Mann beobachtet mich und betrachtet mein voll bepacktes Rad. Er fragt mich nach dem Woher und Wohin und ich setze mich zu ihm. Er erzählt von einer Südfrankreich-Auto-Reise mit seiner Frau vor langer Zeit. Sein Gesicht ist furchig und braungebrannt. Er arbeite auf dem Bau, berichtet er mir. Er klagt darüber, wie Schulkinder ihm manchmal „Penner" hinterherrufen. Trotzdem habe er ein gutes Verhältnis zu Kindern und Jugendlichen und viel Verständnis für die jungen Leute.
Bei Schierstein am Rhein komme ich an einem Naturschutzgebiet vorbei. Ich sehe einen Weißstorch fliegen und halte an. Drei Storchenhorste stehen dicht beieinander, alle mit fast flüggen Jungen besetzt und die Alten bringen ihnen Futter.
In der Gegend vor und hinter Eltville reiht sich ein Weingut an das andere und ich staune über die pompösen Gutshäuser.
Nach 97 Kilometern Fahrt bleibe ich auf dem Campingplatz von Hattenheim; er liegt direkt am Rhein, nur durch Zaun und Fahrradweg von ihm getrennt.
Nachdem ich das Zelt aufgebaut habe, lege ich mich erst einmal zu einem Schläfchen auf meine neue dicke Matratze. Sie ist sehr bequem.
Nach einer halben Stunde Ausruhen koche ich mir einen Kaffee und fühle mich wieder richtig fit. Auf den letzten Radtouren hatte ich ziemliche Rückenschmerzen nachts beim Schlafen, die alte Matratze war einfach zu dünn und ich lag zu hart. Die neue Matratze ist zwar

schwerer und lässt sich nicht so klein zusammenrollen, aber dieser Luxus muss sein, damit meine Radreise nicht zur Qual wird.
Auch mit dem Fahrrad unterwegs sind meine Zeltnachbarn: Ein junges Ehepaar aus den USA, John und Melanie. Sie ist Deutsche, in Wuppertal aufgewachsen, und lebt schon einige Jahre in Amerika. Die beiden sind heute erst mit dem Flugzeug in Frankfurt angekommen und von dort gleich mit dem Rad losgefahren. Sie wollen auch die Mosel entlangfahren und morgen die Burg Eltz besuchen. Wir schwärmen davon, wie schön unser Planet Erde ist. Ich meine zu den beiden, ich fühle mich überall zu Hause, wenn ich erst einmal mein Zelt aufgeschlagen, die Luftmatratze aufgepumpt und den Schlafsack ausgerollt habe. Nur auf dem Mond würde ich nicht leben wollen. „Ja“, meint John, „wir müssen viel sorgsamer mit unserer Erde umgehen.“
Nach meinem selbst zubereiteten Abendessen spaziere ich durch den kleinen Ort Hattenheim. Viele Fachwerkhäuser sind kunstvoll bemalt mit Blumenmotiven. Der Ort ist durch die zahlreichen Weingüter geprägt. Unter der niedrigen Dachtraufe eines Hauses klebt ein Schwalbennest neben dem anderen; aus einem gucken neugierig zwei junge Mehlschwalben heraus.
Im Biergarten der Campinggaststätte „Brückenschänke“ trinke ich ein Radler. Plötzlich kommt Sturm auf und es regnet etwas. Schnell bezahle ich und laufe zurück zu meinem Zelt. Ich habe noch etwas Hunger bekommen und esse Knäckebrot mit Schmelzkäse. Ein Vorrat an Knäckebrot lässt sich übrigens gut auf dem Fahrrad transportieren, weil es sehr leicht ist und Schmelzkäse verdirbt auch ohne Kühlschrank nicht so schnell. Da scheint die Sonne wieder, ein Regenbogen spannt sich

über der langgestreckten Insel im Rhein und ich gehe noch mal weg.
Auf dem Rand eines Abfallkorbes sehe ich eine Rabenkrähe sitzen; sie beugt sich ganz nach unten hinein. Ein Teil nach dem anderen holt sie mit dem Schnabel nach oben und wirft es hinaus, bis sie etwas Fressbares findet. Zum Schluss ist der Papierkorb fast leer und der Müll liegt rundherum auf dem Boden verstreut.
Ganz in der Nähe auf einer großen Wiese ist eine Leinwand aufgestellt und an Fußball interessierte Leute sehen Fußball-WM: Spanien spielt gegen Tunesien, gerade steht es null zu eins.
Drei Weinstände von den Weingütern Hattenheims bieten hier ihre Weine an. Ich probiere einen fruchtigsüßen Weißwein und er schmeckt mir sehr gut.

Dienstag, 20. Juni – Leinpfade und Rosengärten

Heute Morgen ist ganz trübes Wetter und es sieht aus, als wolle es regnen. Aber will es nicht. Im Laufe des Tages kommt die Sonne heraus und es ist wieder so warm wie gestern.
Ich habe wunderbar geschlafen auf meiner neuen dicken Matratze, ohne Rückenschmerzen, so macht Camping wieder richtig Spaß.
John und Melanie haben auch ausgeschlafen und sind voller Tatendrang; wir verabschieden uns und John ruft mir noch nach: „Fahr‘ vorsichtig!“
Beim Chef der Brückenschänke gebe ich den Campingplatzschlüssel ab und erhalte die fünf Euro Pfand zurück.
Ich komme ins Gespräch mit einer Frau, die auch mit dem Fahrrad unterwegs ist, von Basel her schon. Sie

erzählt mir, dass sie einen Tag Pause einlegen müsse, sie habe Rheuma, dafür sei Rad fahren eigentlich gut, aber man dürfe sich nicht überanstrengen, doch gestern sei sie über ihre Grenzen gegangen und hätte sich am liebsten an den Straßenrand gelegt. Ich wünsche ihr gute Besserung und fahre den geschotterten Leinpfad entlang bis Rüdesheim. Leinpfad - das kommt von den Leinen, mit denen früher die Schiffe vom Ufer aus von Pferden gezogen wurden.

der Leinpfad neben dem Rhein bei Hattenheim

Zusammen mit nur drei Autos fahre ich auf die Fähre, die mich auf die andere Seite nach Bingen bringt. Zwei freundliche ältere Männer erklären mir in Bingen den Weg über die neue Fahrradbrücke, auf der ich die Mündung der Nahe überquere - und weiter rechts geht es nach Koblenz

Das Deutsche Eck in Koblenz ist abgesperrt. Dort hat man auch eine Riesenleinwand für die WM aufgebaut.

In zwei Stunden fängt das Spiel Deutschland – Ecuador an. Viele Menschen, vor allem Jugendliche, ausgerüstet mit Fahnen und Fan-Schals, drängen sich an den Eingängen, wo Sicherheitskräfte alle Taschen durchsuchen, bevor sie die Fußballbegeisterten hineinlassen.
Der Leinpfad am linken Moselufer wird immer naturbelassener, nachdem er mit Asphalt angefangen hatte. „Der Weg über die Weinberge ist schöner als am Wasser entlang“, informiert mich eine Frau, der ich begegne. „Ich finde aber gerade den Weg am Wasser sehr schön“, widerspreche ich. Plötzlich wird dieser schöne Weg sehr matschig, wahrscheinlich hat es in der Nacht hier einen Gewitterregen gegeben. Plötzlich rutschen meine Reifen nach links weg und ich springe über mein Fahrrad hinweg nach rechts mitten in eine Pfütze. Wie ich so schnell aus den Pedalhaken herausgekommen bin, weiß ich nicht. Die beiden rechten Packtaschen, ein Apfelsaft-Pack und die Radwanderkarte schwimmen in einer gelbbraunen Brühe. Ich fische alles wieder heraus, ordne das Gepäck und schiebe erst einmal mein Rad. Alles ist mit dicker Soße bekleckert, sieht aus wie Senf, ekelhaft, denn Senf ist etwas, das ich überhaupt nicht mag. Hätte ich doch den Hinweis der Frau beachtet!
Der Weg wird wieder trockener und geht nach einigen hundert Metern in eine asphaltierte Strecke über. Jetzt ist der Radweg nur ein schmaler Streifen neben der Bundesstraße.
Vor Kobern wechsele ich doch auf den Weg durch die Weinberge. Ich staune über die sehr steilen Hänge, auf denen der Wein auf Schiefergestein wächst. In Windungen führen Schienen bis oben hinauf, mit Zähnen unten, wohl für Gefährte, auf die die Ernte aufgeladen werden kann. Am Anfang mancher Reihe von Weinstö-

cken ist ein Rosenstock gepflanzt, der in tiefem Rot blüht.
Im Vorbeifahren sehe ich ein Schild und erkenne gerade noch, dass es auf den seltenen Apollo-Falter hinweist, der hier vorkommt.
Ich nehme mir vor, den nächsten Rosenstock zu fotografieren und steige vom Rad. Und was sehe ich direkt vor meinen Augen? Einen Apollo-Falter! Er bleibt still sitzen und ich mache mehrere Fotos in Nahaufnahme von ihm. Dabei vergesse ich fast, auch Bilder von den Rosen zu machen.
Auf dem Campingplatz in Hatzenport endet meine Tagesetappe von 111 Kilometern.
Nach dem Essen spaziere ich im kleinen Weinort umher. Aus den offenen Fenstern des Gemeindehauses erklingt das Lied „Geh aus mein Herz und suche Freud in dieser lieben Sommerzeit“. Der Kirchenchor übt. Dann summt der Chor eine Melodie und ich meine, die „Air“ von Bach zu erkennen.
„Im Rosengarten“ setze ich mich auf die Terrasse und lasse mir einen Wein empfehlen, der auf den Hängen hinter mir gedeiht. Ich nenne dem Wirt meine Vorliebe für lieblichen und fruchtigen Wein und er bringt mir einen Rivaner Weißwein. Der Wein duftet nach Apfel und schmeckt auch so, wie ein sehr süßer Apfel, ganz im Gegensatz zum sauren hessischen Apfelwein, der gar nicht nach meinem Geschmack ist.
Die Attraktion auf dem Campingplatz ist eine gelbe Telefonzelle, wie es sie früher oft zu sehen gab. Beim genauen Hinschauen finde ich aber kein Telefon darin, sondern ein Klo. Interessant, denke ich, wenn man auf dem Klo sitzt, kann man die Landschaft rundherum genießen, allerdings kann auch jeder hineinsehen. Ach so, das ist nur zum Entsorgen von Chemietoiletten aus

Wohnmobilen und Wohnwagen, lese ich auf einem Schild.

Apollofalter in einem Weinberg an der Mosel

Mittwoch, 21. Juni – Ein Glas Wein ist gesund

Ein neuer Tag voll Sonne! Ein angenehm frischer Wind weht mir entgegen. Eine weitere Kuriosität (außer der Telefonzelle mit Klo) entdecke ich am Wegrand: In einem Kleingarten dreht sich eine Windmühle, die aus alten Bratpfannen zusammengebastelt ist.

In Cochem ist viel los in der einen Geschäftsstraße. In der engen Gasse drängen sich vor allem amerikanische Touristen.

Ich will für die Mittagspause zu essen und zu trinken einkaufen. In einer Bäckerei erstehe ich zwei Vollkornbrötchen mit Kürbiskernen und frage nach Getränken. Haben sie nicht, aber in der anderen Bäckerei gäbe es Wasser mit Zitrone, bekomme ich zur Auskunft. Getränkegeschäfte gibt es ja jede Menge, die verkaufen aber nur Moselwein.

In einer Metzgerei kaufe ich mir ein Paar „Burgbeißer“. Der Name dieser Würstchen klingt so, als würde man sich die Zähne daran ausbeißen. Sie sind aber weich.

Ich frage die Verkäuferin nach Getränken - wieder nichts. „Hier gibt's ja nur Wein“, sage ich. „Wir sind ja auch an der Mosel, da muss man Wein trinken“, meint sie. Zu meiner Rechtfertigung sage ich, dass ich auf meiner Radtour jeden Abend ein Glas Wein trinke, weil ich die Moselweine kennen lernen will. Eine andere Verkäuferin ergänzt: „Ich trinke jeden Abend ein Glas Wein, das ist gesund.“ „Sie haben sich auch gut gehalten“, lobe ich. Sie ist stolz und lachend umarmen sich beide Verkäuferinnen.

In der anderen Bäckerei gibt es einen Schrank mit gekühlten Getränken. Ein Pärchen trinkt Kaffee im Stehen. Das sind ja John und Melanie! Wir begrüßen uns, als kennten wir uns schon ewig und tauschen unsere

Erlebnisse aus. John und Melanie haben das Deutsche Eck abgekürzt und sind über die Berge gefahren. Für den Abstecher zur Burg Eltz hatten sie dann doch keine Lust, wollten aber die Burg Cochem besuchen.
Ich sehe eine Trinkflasche mit dem Aufdruck „Ironman" an Johns Rad und erinnere mich an meine „Ironmans" vor einigen Jahren. Ich frage John, ob er schon einen Ironman mitgemacht hätte. Nein, das nicht, aber Melanie hätte am Samstag an einem Triathlon olympischer Distanz (1,5 Kilometer Schwimmen, 40 Kilometer Radfahren, 10 Kilometer Laufen) in Zürich teilgenommen. John würde gern einmal einen Ironman mitmachen und ich ermutige ihn dazu. In Boise, wo beide wohnen, habe er auch schon an einem kleinen Triathlon teilgenommen. „In welchem Bundesstaat liegt Boise?" frage ich. „In Idaho", informiert mich John, „das ist berühmt wegen seiner Kartoffeln".
Wir verabschieden uns wieder, wünschen einander „Gute Fahrt!" und sagen: „Bis später, wir sehen uns".
Manchmal bläst ein starker Wind von vorn, dann wieder treibt mich Rückenwind an, je nachdem, wie gerade die Moselschleife verläuft, der der Fahrradweg folgt. Ständig wechselt der Fluss die Richtung.
Heute bemerke ich viele der Gefährte, mit denen die Winzer die steilen Hänge hinauffahren: Ein Motor vorne zieht, dahinter befindet sich ein Sitz, hinter dem Sitz eine kleine Ladefläche. Die Räder rollen unterhalb der Zahnschiene. Ich stelle mir vor, wie die Winzer und Erntehelfer zur Zeit der Weinlese Achterbahn fahren. Schwindelfrei müssen sie auf jeden Fall sein.
Nach 98 Kilometern richte ich mein mobiles Zuhause auf dem kleinen Campingplatz von Zeltingen ein. Ich bereite mir einen großen Salat aus Kopfsalat, Tomaten, Zwiebeln und Thunfisch zu. Die Vorsuppe aus Reis,

Stückchen der übriggebliebenen „Burgbeißer“ und Brühe ist mir leider versalzen, ich habe zu viel Brühe in die Suppe gegeben.
Ich kehre in eine nahe gelegene Straußwirtschaft ein: im Hof des Weingutes von Peter Ehses. Ich sage dem Wirt, dass ich gerne fruchtigen Wein trinke und er empfiehlt mir einen Riesling Hochgewächs, feinherb. „Gehaltvoll, fruchtig“, so wird dieser Wein auf der Weinkarte beschrieben. Der Wein trägt den Namen „Zeltinger Himmelreich“. Er schmeckt eher mild als herb und lässt sich gut trinken. Im Gespräch mit Herrn Ehses erfahre ich, dass er keine „Achterbahn“ hat, sondern das Spritzen der Weinpflanzen mit dem Hubschrauber bewerkstelligen lässt. „Weiße Kreuze in den Weinbergen markieren die Flugbahnen der Hubschrauber“, erklärt er mir. Alle zwölf Tage werde gespritzt gegen Pilzbefall. Ich schildere ihm das Problem unseres Weinstocks am Haus in Rodenbach, dass die Trauben schwarz würden und vertrocknen, kurz bevor sie reif seien. „Das ist die Schwarzfleckenkrankheit“, klärt Herr Ehses mich auf und nennt mir zwei Mittel, die man dagegen spritzen könne.
Das zweite Glas Wein, das ich zu mir nehme, ist ein „Wehlener Klosterberg 2005, Riesling, Spätlese“. Er schmeckt sehr süffig, süß, aber nicht zu süß.

Donnerstag, 22. Juni – Und immer wieder Begegnungen mit Melanie und John

In der Nacht hat es etwas geregnet und der Morgen ist bewölkt, kühl und feucht. Ich fahre noch einmal an den Häusern von Zeltingen vorbei, ein Weingut steht neben

dem anderen, dahinter erhebt sich der Weinberg „Zeltinger Himmelreich“.
Mein Reiseführer „bikeline Moselradweg“ beschreibt das Erscheinungsbild von Zeltingen, indem er auf die „stattliche Zahl imposanter Wohnbauten und Klosterhöfe, darunter auch ganz vorzügliche Beispiele des moselländischen Barock“ hinweist.
Ich beobachte, wie ein Hubschrauber über dem Hang hin und her fliegt und die Weinstöcke spritzt.
In Wintrich finde ich an einem Haus ein großes Bild, das darstellt, wie früher die Lastkähne, mit Weinfässern beladen, von Pferden mit Leinen über die Staustufen gezogen wurden. Jetzt kann ich es mir viel besser vorstellen, was es mit den Leinpfaden auf sich hat.
Die Sonne kommt wieder durch und es wird wärmer. Auf dem Radweg nach Piesport holen mich zwei andere Radreisende ein. „Hallo Henning!“ Es sind John und Melanie. Wir setzen unser Gespräch von gestern fort. Beide haben übrigens in Wehlen auf dem Campingplatz übernachtet, nur etwa einen Kilometer von dem in Zeltingen entfernt, am anderen Ufer. Melanie erzählt, wie anders sie Deutschland empfinde, seit sie zehn Jahre nicht mehr hier war. Der Euro, das sei komisch für sie und dann, dass die deutsche Fahne so viel gezeigt werde. „Das ist auch nur jetzt wegen der WM“, meine ich. Melanie und John wollen sich Piesport ansehen, von dort komme der Wein, den John in Boise trinkt. Ich will weiter fahren und mache von beiden ein Abschiedsfoto. Sie haben alle ihre Filme schon verknipst, deshalb kann ich mit ihrer Kamera kein Foto von ihnen schießen. Ich lasse mir die eMail-Adresse geben und verspreche ihnen, das Foto zu schicken. John sieht mein Tagebuch und sagt, er hätte alles vergessen mitzunehmen, was er eigentlich brauche, er sei von Beruf nämlich Journalist

und wolle auch von dieser Reise schreiben. „Aber ich habe alles im Kopf", sagt er. „Bis später!" So verabschieden wir uns wieder einmal, überzeugt, dass wir uns irgendwann aufs Neue treffen werden.

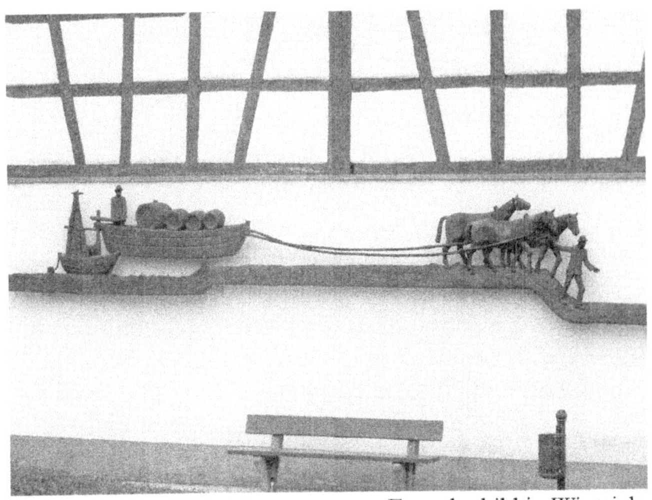

Fassadenbild in Wintrich:
So wurden früher die Weinfässer auf der Mosel transportiert

Ich kämpfe weiter an gegen den kühlen Gegenwind, der mich immer dann trifft, wenn der Weg, der den Windungen der Mosel folgt, in Richtung Süden geht.
In Trier frage ich mich zur Mosel durch, weil ich durch die Umfahrung von Industriegebieten ziemlich weit vom Fluss abgekommen bin. Dann gelange ich in die Innenstadt und fahre an der von den alten Römern erbauten Porta Nigra vorbei, komme wieder ans Ufer und überquere die Mosel auf der Römerbrücke.
Schon bald bin ich auf dem Campingplatz und melde mich an. Gerade als ich mit den Anmeldeformalitäten fertig bin, kommen zwei weitere Radfahrer mit Gepäck

an: John und Melanie! Wir sind wieder Zeltnachbarn, wie in Hattenheim.
Im Duschraum fachsimpele ich mit John über den Sport „Ironman". „Vielleicht mache ich im nächsten Jahr einen", überlegt er. „Vielleicht", sage ich, „vielleicht gibt es beim Ironman nicht, entweder ja, ich setze mir das Ziel und trainiere und mache ihn oder ich mache es nicht." „Na ja, ich habe Probleme mit den Knien", sagt John über die Wand der Duschkabine hinweg und berichtet von einem Kreuzbandriss, den er sich beim Schifahren zugezogen hatte. „Ist aber gut verheilt". Nach einer Weile sagt er, nächstes Jahr würde er gern den Ironman machen. „Die Vorbereitung dazu bestimmt dein Leben völlig" warne ich ihn aus eigener Erfahrung. Immerhin sind bei dieser sportlichen Leistung 3,8 Kilometer Schwimmen, 180 Kilometer Rad fahren und 42 Kilometer Laufen zu bewältigen. Da muss ab einem halben Jahr vor dem Wettkampf jede Stunde Freizeit für das Training aufgewendet werden.
Ich möchte gern Trier genauer kennen lernen und hoffe, eine Stadtführung mitmachen zu können.
Vor der Tourist-Information neben der Porta Nigra stehen Ständer mit Plakaten, die die Termine für die Erlebnis-Stadtführungen bekannt geben. Für mich kommt nur eine in Frage, weil ich nur heute Abend hier bin: „Heute, 19 Uhr, Stadtführung mit einem Gitarre spielenden Bänkelsänger". Ich betrete das Info-Büro und frage, ob man Karten für die Stadtführungen kaufen muss. Der Angestellte bejaht und ich nenne meinen Wunschtermin. „Oh, das war gestern, wir haben vergessen, das Plakat abzunehmen." Er entschuldigt sich, rennt hinaus und nimmt das Plakat ab. „Der Bänkelsänger tritt nur mittwochs auf. – Heute ist leider keine Stadtführung mehr." Freundlicherweise schaut er im

Computer nach, ob irgendwelche anderen Veranstaltungen heute Abend stattfinden. Er findet nichts. Scheinbar ist donnerstags Ruhetag in Trier.
Es ist inzwischen 18 Uhr, die Porta Nigra hat gerade geschlossen, auch den Dom kann ich nicht mehr betreten. Dann schlendere ich eben so durch die Straßen und betrachte die Gebäude von außen. Die Porta Nigra, aus großen schwarzen Steinquadern zusammengesetzt, erscheint wie ein Fremdkörper im Stadtbild, aus alter Zeit zurückgelassen.
Ich kaufe zu essen ein, kehre zum Campingplatz zurück und koche mir etwas Leckeres: Rührei mit Tomaten und Erbsen, auf Reis.
Am späteren Abend laufe ich noch einmal in die Stadt, weil die Campingplatzgaststätte donnerstags Ruhetag hat. Ich will doch noch einen Schoppen Moselwein probieren. Den bekomme ich in einem Biergarten mit Videoleinwand. Brasilien spielt gegen Japan, es steht zwei zu eins. Nein, jetzt drei zu eins: Gilberto hat ein Tor geschossen.

Freitag, 23. Juni – Eine geteilte Stadt und Warnung vor Steinschlag

Sonnenschein, blauer Himmel, windstill: Ein schöner neuer Tag hat angefangen. Heute Morgen verabschiede ich mich nun endgültig von John und Melanie, die früh den Zug nach Prien am Chiemsee nehmen wollen. Dort werden sie sich am Wochenende mit Melanies Eltern treffen. „Fahr' vorsichtig!" ruft John mir noch nach.
Bei Konz folge ich dem Ufer der Saar, die glatt wie ein Spiegel vor mir liegt. Ein Stück Weges, durch Weindörfer und an Weinbergen vorbei bis Saarburg, begleitet

mich ein Radfahrer, der etwa in meinem Alter ist. Er stamme aus Trier und fahre eine Runde zum Spaß. Wir loben die schöne Landschaft und das für Radfahrer ideale Wetter: Sonne, aber nicht heiß. Er empfiehlt mir, einen Abstecher in die Innenstadt Saarburgs zu machen. „Dort befindet sich ein Wasserfall mitten auf dem Marktplatz", preist er die Sehenswürdigkeit an, „ein künstlicher Wasserfall, der vor 400 Jahren für die Gerber in der Stadt angelegt wurde, weil sie für ihre Arbeit viel frisches Wasser benötigten." Mein Begleiter fährt geradeaus weiter, wir trennen uns, weil ich seinem Rat folge und nach rechts auf die Brücke einschwenke, die über die Saar zur Stadt führt. Die Stadt liegt malerisch vor mir mit ihren bunt angestrichenen Häusern, am Hang gebaut, und einer großen Kirche, die über allem thront wie ein Huhn auf seinen Eiern.
Das ist ja wirklich sehenswert: Den kleinen Marktplatz zerteilt eine tiefe Schlucht, durch die sich tief unten ein tosender Wasserfall hindurchzwängt. Über ein Geländer schaue ich in die schäumende Tiefe. Kleine schmiedeeiserne Fußgängerbrücken spannen sich über die Spalte auf dem Platz.
Hinter Saarburg wird das Saartal zur engen Schlucht. Weingüter und Weindörfer gibt es keine mehr. Das rechte Ufer des Flusses begleiten eine Straße und ein Eisenbahngleis, links führen der Rad- und Fußweg entlang. Die Hänge sind steil, ständig warnen Hinweisschilder vor Steinschlag. Wald bedeckt die Hänge; ab und zu ist der nackte Fels zu sehen. Eidechsen huschen vor mir zur Seite. Geröll liegt bis an den Wegrand, kantige schwarze Steine. Auf der gegenüberliegenden Seite befindet sich ein riesiger Steinbruch, der in Betrieb ist: „Hartsteinwerke Düro."

Bei Mettlach öffnet sich das Tal wieder. Über der Stadt ist groß der Schriftzug „VILLEROY UND BOCH“ zu lesen. Als ich durch den Ort fahre, sehe ich überall verstreut Fabrikhallen von Villeroy und Boch stehen.
Eine lange Steigung hinauf mühe ich mich ab, um nach Losheim zu kommen. Beim Ortsausgang von Losheim gerate ich gegen meinen Willen auf die Bundesstraße. Einem großen Ast auf dem Seitenstreifen kann ich nicht rechtzeitig ausweichen und eine herabhängende Schnalle der rechten vorderen Packtasche verfängt sich darin und reißt am Rad, dass ich fast stürze. Das ist noch mal gut gegangen!
Bis Prinstal an dem munteren Flüsschen Prins entlang läuft der Weg relativ eben, ab Prinstal führt mich ein schmaler Pfad wieder steil bergauf.
Da vorn erhebt sich endlich die Kuppe vor mir, hinter der Kuppe führt der Weg aber noch einmal bergan, nach der nächsten Kurve noch steiler!

Saarburg an der Saar

Obwohl ich dauernd das Gefühl habe, nach fünfzig Metern oben angelangt zu sein, nehmen die neuen Steigungen hinter jeder überwunden geglaubten Anhöhe kein Ende. Endlich bin ich oben. Auf den Weg ist das Wort „Ziel" gemalt. Vielleicht findet hier ab und zu ein Bergzeitfahren für Rennräder oder Mountainbikes statt, geeignet dafür ist diese Strecke.
In rasender Fahrt geht es bergab nach Bosen und ich klemme das Oberrohr zwischen die Knie, damit das Rad nicht anfängt zu flattern. Ein Rad, das sich aufschaukelt, ist sehr gefährlich, weil es sich ist nicht mehr steuern lässt.
Am Bostalsee liegt der Campingplatz, den ich ansteuere. Ich vermute, dass dieser See ein Stausee ist und die freundliche Dame in der Rezeption bestätigt es mir. Meine Zeltnachbarn sind ein Ehepaar aus Holland, beide etwa in meinem Alter. Sie sind auch mit Fahrrädern und Gepäck unterwegs und wollen bis nach Avignon fahren.
Beim Abendspaziergang am See betrachte ich den kleinen Segelhafen, einige hundert Meter weiter gelange ich zu einem Strandbad. Dort ist ein großes Zeltlager aufgeschlagen. Viele Jugendliche tummeln sich zwischen den Zelten und am Strand. Einige spielen im Sand Handball. Ein Spielfeld ist abgesteckt, zwei Tore stehen an den Enden. Hier hat wohl ein Beach-Handball-Turnier stattgefunden.
In der Campinggaststätte „Thai Thai", einem thailändischen Restaurant, schließe ich den Tag bei einem Schoppen Portugieser Weißherbst von der Nahe.

Samstag, 24. Juni – Eine ängstliche Vogelscheuche und die breiteste Brücke der Welt

Die Nahe will ich von Anfang an erleben, deshalb fahre ich die ungefähr vier Kilometer zurück nach Selbach. Dort biege ich erst in den falschen Weg ein, aber ein Autofahrer mit offenem Fenster, den ich frage, erklärt mir den Weg genau und ich muss wieder ein Stückchen zurückfahren.
Im Wald plätschert die Quelle, eingefasst mit gemauerten Steinen. In einer Steinplatte über dem kleinen Becken ist eingemeißelt, dass die Nahe 112 Kilometer lang ist bis zu ihrer Mündung.
Ich folge dem Naheradweg, der gut ausgeschildert ist. Er verläuft abseits der Bundessstraße, so sehr weit abseits und so sehr hügelig, dass ich nach einigen Kilometern doch lieber den Radweg direkt neben der Bundesstraße nehme.
Ab Nohfelden radle ich wieder auf dem ausgeschilderten Radweg, der bergauf und bergab führt, meist ist er geschottert, oft muss ich mein Rad schieben, so steil ist der Weg. Dieser Radweg scheint mir eher geeignet zu sein für sportlich ambitionierte Mountainbike-Fahrer ohne Gepäck.
Für eine Mittagspause stelle ich mein Rad neben eine Bank am Weg in der Nähe von Elchweiler. Vor mir glitzert ein Fischteich in der Sonne. Eine Vogelscheuche steht da und am Ufer ein Storch aus Plastik - etwas ergraut schon - so einer, wie manche Leute ihn sich gern an ihren Gartenteich stellen. Doch plötzlich klappt dieser „Storch" den Hals zu einem „S" zusammen – er ist ein ganz lebendiger Graureiher. Nur die Vogelscheuche rührt sich nicht. Wozu ist sie da? Um die Reiher zu vertreiben, damit sie den Teich nicht leer fischen? Der

Graureiher schreitet nun langsam und majestätisch, mit erhobenem Kopf, als sei er der König des Teiches, direkt an der Vogelscheuche vorbei, ohne sie eines Blickes zu würdigen, zu einer anderen Uferstelle. Da, die Vogelscheuche bewegt sich, ein Windhauch zerrt an ihrer Jacke, aber den Reiher stört das nicht. Die Vogelscheuche scheint eher Angst vor dem Reiher zu haben, denn sie schaut auf den Boden, ihr Gesicht kann ich nicht erkennen, darüber hat sie tief ihren Hut gezogen. Der Reiher stellt sich gerade aufgerichtet hin, streckt seinen langen Hals und beobachtet reglos und geduldig die Wasseroberfläche.
Bei Kronweiler komme ich endlich wieder an die Nahe, nachdem der Radweg ziemlich weit von ihr abgekommen war. Aber die Nahe fließt dort durch eine enge Schlucht, da ist kein Platz für Wege.
Im wechselnden Auf und Ab erreiche ich Idar-Oberstein. Das Rad rollt durch viele Kurven hinunter in die Innenstadt und ich komme mir vor wie auf einer Achterbahnfahrt.
Die ganze Stadt ist zwischen, auf und an riesigen Felsen gebaut. An einer Felswand klebt eine Kirche und oben auf diesem Felsen steht eine Burgruine.
So, wie ich mich heute gequält habe, verdiene ich mir einen Aufenthalt in dieser Stadt. Zum Campingplatz müsse ich allerdings sechs Kilometer fahren, informiert mich eine Dame in der Tourist-Information. Der nächste Campingplatz auf meinem weiteren Weg Nahe abwärts ist sogar zwanzig Kilometer weit weg.
Ich habe keine Lust mehr zu fahren und frage nach einer Pension. Die Dame ruft bei einer an, ob ein Zimmer frei sei; es ist und ich sage zu.
Vor der Pension angekommen drücke ich den Klingelknopf. „Wer ist da, bitte?“ ertönt eine Stimme aus der

Sprechanlage. „Mein Name ist Schröder, ich komme wegen des Zimmers“. Die Tür öffnet sich und ich steige eine Treppe hoch. Aus einer halb geöffneten Tür streckt mir eine mürrisch wirkende kleine alte Frau mit silbernen Locken zwei Schlüssel entgegen: „Einer ist für das Zimmer, der andere für die Haustür.“ Die Frau zeigt hinter sich in einen dunklen Flur: „Dort ist das Frühstückszimmer. Frühstück gibt es ab acht.“
Mein Zimmer liegt noch eine knarrende Treppe höher. Es ist kühl und dunkel drinnen. Die Fenster weisen auf eine der typischen steilen Felswände, die aber mit Bäumen bewachsen ist, aus denen ein Zaunkönig sein Lied schmettert. Unten plätschert ein kleiner Bach durch den Garten.
Nachdem ich mich unter der Dusche erfrischt und mich umgezogen habe, gehe ich zu Fuß in die Stadt. Viele Läufer mit Nummern vor dem Bauch rennen die Straßen entlang. Ich erfahre, dass gerade der „Altstadtlauf“ stattfindet. Erst laufen die Kinder, dann die Jugendlichen, zum Schluss die Erwachsenen. „Und jetzt kommt mit der Nummer 137, Roger Bur – Elfmeter für Schweden – mit der Nummer 30 - Lisa Schmidt – vorbei! Kein Tor für Schweden“, informiert der Ansager über zwei Sportereignisse gleichzeitig.
Nach dem Essen in einer Gaststätte am Marktplatz – überall stehen Fernseher draußen – gucke ich mir die Stadt genauer an. Riesige Fangnetze schützen die Häuser vor Steinschlag. Schmuckgeschäfte und Edelsteinschleifereien reihen sich aneinander wie in einem Weindorf die Weingüter. Die Edelsteine würden allerdings nicht mehr in Idar-Oberstein abgebaut, erzählt mir eine Verkäuferin. Es sei zu mühsam und unwirtschaftlich, sie tief aus dem harten Gestein zu holen. „In Brasilien lie-

gen die Achate an der Erdoberfläche, die Bauern finden sie beim Pflügen“, informiert sie mich.
Über viele Treppen steige ich bergauf und gelange zur Burgruine, von der aus ich aus der Vogelperspektive auf die Altstadt schaue. Die Stadt liegt tief unter mir, die alten Fachwerkhäuser wirken winzig klein von hier oben; wie ein Städtchen auf einer Modelleisenbahnanlage sieht Idar-Oberstein aus.

Die Felsenkirche in Idar-Oberstein
mit Schutzzaun gegen Steinschlag

Wo ist die Nahe? Ich kann sie von hier oben nicht finden.
In die Siegerehrung vom Altstadtlauf mischen sich die Hupkonzerte der Fußballfans, die den Sieg der deutschen Nationalmannschaft über Schweden feiern. Ich bestelle draußen vor dem Gasthaus „Krone“ meinen obligatorischen Schoppen Wein. Den Wein bringt mir eine nette, freundliche, junge, hübsche Kellnerin, die ich schon eine Weile beobachtet hatte, wie sie flink hin und her lief, um die vielen Gäste zu bedienen. „Sie haben sich auch eine Medaille verdient“, sage ich zu ihr. „Wieso?“ „Sie rennen mindestens genauso viel wie die Läufer heute.“ „So laufen wie die kann ich nicht, das schafft meine Lunge nicht, ich bin Raucherin.“
Ich genieße den Wein, es ist ein Weilerer Weißwein, lieblich, er schmeckt etwas nach Erdbeere. Ich studiere die Karte, verfolge den Weg, den ich heute gekommen bin. Weingegenden waren nicht dabei. Mal sehen, wie es morgen wird. Der Karte nach führt der Weg direkt an der Nahe entlang, hoffentlich ohne nennenswerte Steigungen.
Zurück in der Pension studiere ich interessiert die Fotos und Zeitungsausschnitte, die im Treppenhaus hängen. Es geht um die Überbauung der Nahe mit einer Schnellstraße. Jetzt wird mir klar, warum ich den Flusslauf vergeblich suchte, als ich von der Burgruine herabsah. Die Nahe ist komplett überbaut mit der „breitesten Brücke der Welt“, wie es in einem Zeitungsbericht heißt. Dadurch sollte der Verkehr aus den engen Straßen der Altstadt herausgeholt werden. Alte Fotos zeigen den täglichen Verkehrsstau in den engen Straßen Ende der 50er Jahre. Einerseits ist es ja schade um das Stadtbild ohne Fluss (stattdessen Autofluss), andererseits konnte ich es auch genießen, in der Fußgängerzone zu bum-

meln und den Wein zu probieren, ohne dort von Verkehrslärm gestört zu werden.

Sonntag, 25. Juni – Ein furchtbarer Drache auf dem Campingplatz

Im manchmal etwas quietschenden Bett habe ich gut geschlafen. Im Frühstückszimmer ist für sechs Personen an drei Tischen gedeckt; ich bin der erste Pensionsgast, der zum Frühstück erscheint. Die Wirtin weist mir mürrisch einen Platz zu. „Was wollen Sie trinken?“ Sie redet nicht mehr als nötig ist. Ich bestelle Kaffee.
Das Zimmer ist altmodisch eingerichtet, ein Klavier steht an einer Wand, in der Ecke ein Sofa, Sessel, ein alter Wohnzimmerschrank, ein Fernseher.
Nach dem Bezahlen schwinge ich mich auf mein Rad und passiere noch einmal die am Sonntagmorgen leere Stadt. Nur große Scharen von Mauerseglern fliegen in rasendem Flug und schreiend durch die Straßen. Diese Vögel finden hier ideale Lebensbedingungen; die Felswände bieten Nistplätze in unbegrenzter Zahl.
Kurz hinter Idar-Oberstein taucht die Nahe wieder auf und die Schnellstraße verschwindet in einer Tunnelöffnung in der Felswand.
Vor Nahbollenbach wird das Tal breiter, die Schnellstraße ist aus dem Felsen wieder herausgekommen. Auf einer Bank am Weg ruhe ich mich eine Weile aus. Viele Jogger kommen vorbei. Neben mir befindet sich ein kleiner Garten. Ein älterer Mann fährt mit dem Auto vor und steigt aus, um seinen Garten zu pflegen. Er häufelt mit der Harke Heu um seine Pflanzen. Was hat er gepflanzt? Ich schaue genauer hin: Es sind alles kleine Weihnachtsbäumchen!

Bei Merxheim und Weiler säumen wieder Weinberge meine Strecke. Bei Bad Sobernheim finde ich einen schönen Rastplatz mit Tischen und Bänken. Hier kann ich gut meine Brötchen schmieren. Viele Familien sind unterwegs und wollen auf den Barfußweg, der hier anfängt.

An meinen Tisch setzt sich ein Ehepaar mit drei Kindern im Alter von etwa acht bis zwölf Jahren. Sie packen ihr Picknick aus: Jede Menge Sandwiches und Würstchen. Eins der zwei Mädchen findet mein Taschenmesser, mit Löffel und Gabel dran, sehr interessant. Wir unterhalten uns und ich erzähle von meiner Radtour. Der Junge fragt seinen Vater: „Machst du auch mal mit mir so eine Radtour mit Zelt?" Der Vater überlegt und ich sage ihm: „Das machen Sie mal, das macht Spaß, das habe ich mit meinem Sohn auch gemacht, als er so alt war wie Ihrer!"

Beim Weiterfahren bemerke ich, dass der Barfußweg nicht nur wenige Meter lang ist, wie ich dachte, sondern aus einer ganzen Barfußwanderung von mehreren Kilometern besteht. Viele Leute sind darauf unterwegs, vor allem Eltern mit Kindern. Ziemlich am Anfang müssen wohl alle durch braunen Schlamm gewatet sein, wie ich an den bis kurz unters Knie eingefärbten Beinen sehe. Über weite Wiesen ist der Zug der großen und kleinen Barfußwanderer zu sehen, bis er sich weit hinten im Wald verliert.

Vor dem Weingut Niederhausen bewundere ich die riesigen Holzfässer für Wein, die vor der Halle aufgestapelt sind.

In der Nähe des Ortes Niederhausen überquere ich an einem Stausee eine Brücke, deren Bohlen unter meinen Reifen laut klappern.

Einen Vater auf dem Rad, der seinen kleinen Sohn hinter sich auf einem einrädrigen Anhängerrad transportiert, hole ich ein. Der etwa fünfjährige Junge lässt sich ziehen. Ich rufe ihm zu: „Los, schieb deinen Papa, dann seid ihr schneller als ich!“ Der Kleine fängt an, kräftig in die Pedale zu treten und ich bleibe – absichtlich - etwas zurück. „Ihr seid ein starkes Team“ sage ich anerkennend. Der Vater erzählt, dass er mit seinem Sohn zwei Tage unterwegs sei und sie bald mit dem Zug heimfahren wollten.
In Bad Münster bleibe ich und fahre zum Campingplatz. Er liegt direkt am Zusammenfluss von Nahe und Alsenz. Meine Armbanduhr zeigt zwar erst halb zwei an, aber bei der schwülen Hitze heute habe ich keine Lust weiterzufahren. Die restliche Strecke ist auch nicht mehr so lang und ich will ja erst am Dienstag wieder zu Hause sein.
Die Campingplatzanmeldung ist geschlossen und öffnet erst um fünfzehn Uhr, wie an der Tür zu lesen ist. Ich wähle die Handynummer vom Platzwart, die dort angeschlagen ist, aber er hat es nicht auf Empfang gestellt. Ein Dauercamper sieht mich und sagt: „Der Platzwart ist gerade weggefahren, aber die Kurzzeitcamper bauen ihre Zelte immer dort drüben auf, heute Morgen sind sie alle weg. Bauen Sie doch einfach Ihr Zelt auf und melden sich danach an!“ Ein guter Rat und so mache ich es. Im aufgeschlagenen Zelt lege ich mich erst einmal zu einem Mittagsschläfchen hin. Nachdem ich ausgeschlafen habe, ist es noch immer nicht fünfzehn Uhr und ich setze mich schon mal in den Biergarten vor dem Anmeldebüro. Kurz nach drei kommt die Frau des Platzwartes endlich und fragt nach meinen Wünschen. Ich sage: „Ich möchte mich anmelden. Mein Zelt habe ich schon aufgebaut.“ „Sie können doch nicht einfach Ihr

Zelt irgendwo aufbauen“ schimpft sie los, „das geht nicht, es war Mittagspause und ich kriege nachher wieder Beschwerden von den Campern, dass sie in der Mittagsruhe gestört werden!“ „Ich war ganz leise und habe selbst die Mittagsruhe genossen“, entgegne ich. „Sie können doch nicht einfach Ihr Zelt dort aufbauen“, poltert die Dame weiter. „Wo kann ich’s denn aufstellen?“ frage ich. „Dort hinten, da ist der Platz für die kleinen Zelte, hier stehen Sie im Weg.“ „Okay, ich baue es dort auf“, sage ich gehorsamst.
Zum Glück hatte ich kaum etwas ausgepackt und das Zelt auch nur mit vier Häringen festgemacht. Also wieder packen ... „Dann fahre ich lieber weiter“, denke ich, „das ist mir hier zu unfreundlich.“ Aber die große Hitze hält mich davon ab und ich stelle das Zelt dort hinten auf. Da liegt ein Stück von einem dicken Baumstamm, darauf kann ich mein Essen zubereiten und sitzen, das ist viel bequemer, freue ich mich dann doch.
Nach dem Aufbauen melde ich mich offiziell an und bestelle dann trotz alledem Kaffee und Kuchen bei der schrecklichen Platzwartin, die sich jetzt allerdings beruhigt hat. Den Kuchen hat sie selbst gebacken, er schmeckt sehr gut und ich lobe sie dafür. Jetzt ist sie auf einmal ganz nett und ich fühle mich mit ihr versöhnt.
Nach dem Kaffee spaziere ich in den Ort, vorbei an Kurkliniken für Orthopädie, Rheuma und Schmerztherapie, durch eine kleine Fußgängerzone, wo gerade Markt war; einige Stände mit Kleidung sind noch aufgebaut. Ich schlendere durch den niedlichen kleinen Kurpark. Eine Musikkapelle spielt Tanzmusik. Überwiegend alte Menschen sitzen an dem Gradierwerk, hören zu und genießen die kühle, feuchte, salzige Luft. Auf einer Tanzfläche zwischen Kaffeetischen tanzen einige Paare zur Musik, mitten in der prallen Sonne.

Ich versuche, die Kurparkstimmung in meine Kamera einzufangen: Viele alte Menschen sitzen vor dem Gradierwerk auf Stühlen. Manche lesen, andere unterhalten sich leise, einige haben ihre Augen geschlossen und atmen bewusst die salzhaltige Luft ein.

Im Kurpark von Bad Münster an der Nahe

Am Gradierwerk geht ein älteres Ehepaar spazieren. Der Mann spricht mich interessiert auf meine Kamera an und ich erkläre sie ihm und erzähle, dass es mir sehr viel Spaß mache, digital Bilder aufzunehmen. Der Mann ist begeistert. Ich schieße von beiden ein Foto und sage ihnen zu, es ihnen zu schicken. Die Frau schreibt mir die Adresse auf.
Während ich mir das Abendessen auf dem Campingplatz bereite, ziehen schwarze Wolken auf. In der Ferne grummelt es schon. Gerade, als ich in den Ort gehen will, fängt es an, heftig zu gießen und ich bleibe im Schutz der Campinggaststätte. Als es nur noch etwas

tröpfelt, mache ich mich auf den Weg zum Ufer der Nahe. Ich staune über das riesige Wasserrad, das sich hinter dem Kurmittelhaus dreht. Wie ich auf einer Informationstafel lese, pumpte das Rad, durch das fließende Wasser eines Baches angetrieben, früher die Sole aus der Erde hinauf in den Hochbehälter des daneben stehenden Turmes, von wo aus sie auf das Gradierwerk geleitet wurde. Heute bewerkstelligen das elektrische Pumpen, die die Sole über eng zusammengestecktes Schwarzdornreisig rieseln lassen, damit sie in der Luft zerstäubt.
Um meine „Trinkkur" der regionalen Weine nicht zu unterbrechen, suche ich nach einer Gaststätte. Es ist zwar erst neun Uhr, aber ich finde nur geschlossene Lokale. Da, aus dem Restaurant am Kurhaus scheint noch Licht. Ich betrete den riesigen Kursaal und laufe zwischen Reihen schön gedeckter Tische, entdecke aber keine Menschenseele. Nur im Restaurant am Schwimmbad sitzen noch einige Leute. Hier bestelle ich einen Wein. Der Kellner bringt mir einen „Ebersberger Stefansberg", der nach Johannisbeere schmeckt.

Montag, 26. Juni – Fußball-WM in der Main-Arena

In der Nacht regnet es zeitweise wieder heftiger, am Morgen ist es jedoch trocken, noch bewölkt zwar, hin und wieder zeigt sich aber schon ein Stück blauer Himmel. Es ist nicht mehr ganz so schwül, aber noch schön warm.
Meine Wäsche ist genauso nass wie gestern Nachmittag, als ich sie nach dem Waschen zum Trocknen aufgehängt hatte.

Kurz hinter Bad Münster fängt schon Bad Kreuznach an. Hier stehen noch mehr und noch größere Gradierwerke in einem weitläufigen Kurpark.
Nachdem ich Bad Kreuznach hinter mich gelassen habe, marschieren gerade mehrere Schulklassen auf einen Sportplatz. Es sieht so aus, als würden heute hier die Bundesjugendspiele stattfinden. Eine Gruppe von etwa zwanzig fröhlich lachenden jungen Mädchen kommt mir auf dem Radweg entgegengelaufen. Ich rufe ihnen fröhlich „Guten Morgen!“ zu und sie machen mir lachend Platz, so dass ich zwischen ihnen hindurchfahren kann.
Ich erreiche die Mündung der Nahe bei Bingen. Der Kreis meiner Rundreise schließt sich. Ich setze mit der Fähre über nach Rüdesheim und folge dem schon vertrauten Leinpfad.
Hinter Hochheim gelüstet es mich nach einer Tasse Kaffee. Da kommt mir der Kiosk gerade recht, in dem ich vor genau einer Woche eine Flasche kühles Mineralwasser getankt hatte. Ich bestelle einen Kaffee und auch wieder ein Wasser. „Na, wie war die Tour? Komm, setz' dich und erzähl'!“ höre ich eine Stimme und erkenne, am Tisch sitzend, den Mann von vor einer Woche. Ich setze mich also mit meinen Getränken zu ihm und berichte von meiner Fahrt, beantworte seine Fragen. Er erzählt wieder von der Südfrankreichreise mit seiner Frau damals. Er berichtet von seiner großen Liebe zur Natur. Gern bade er im Fluss und wolle das auch nachher wieder machen.
Ich breche auf, wir verabschieden uns und weiter geht es in Richtung Frankfurt auf bekannten Wegen.
In Frankfurt ist schon einiges los beim Fan-Fest der Fußball- WM. Die Tribünen der nur zu diesem Zweck installierten Main-Arena sind zum Teil schon besetzt.

Ich komme an vielen Ständen vorbei, an denen die Besucher mit Essen und Trinken versorgt werden. Ich bewundere viele exotische Gerichte aus arabischen Ländern und aus Afrika und mir läuft das Wasser im Mund zusammen. Ich fahre jedoch weiter und baue mein Zelt auf dem Campingplatz in Offenbach-Bürgel auf, neun Kilometer von der Main-Arena weg, nicht zu weit, um heute Abend da noch mal hinzufahren, das will ich erleben, wie dort das Fußballspiel verfolgt wird.
In Fechenheim kaufe ich zu essen und zu trinken ein. Ich brate mir Schweinefilet mit Pilzen, dazu kocht der Reis im Schlafsack.
Gut gesättigt fahre ich zurück in die Main-Arena nach Frankfurt. Am Eingang des abgesperrten Bereiches werden die Besucher nur gruppenweise hereingelassen und die Leute stauen sich. Jetzt bin ich an der Reihe, ich muss meine Tasche vorzeigen, der Sicherheitsmann wühlt zwischen meinem darin verstauten zusammengeknüllten Hemd, dann tastet er mich ab und nachdem er weder Bomben noch Messer, Maschinenpistolen oder ähnliches bei mir gefunden hat, lässt er mich durch.
Alle Plätze auf zwei Tribünen direkt vor der Riesenleinwand sind schon besetzt. Wachleute haben unten den Zugang abgesperrt und lassen niemanden mehr hinauf. Auf einer seitlichen Tribüne finde ich noch viele freie Plätze, dort setze ich mich. Das Spiel Schweiz - Ukraine ist nicht weiter spektakulär. Nach der ersten Halbzeit, es steht null zu null, gehe ich. Ich höre, wie eine Frau zu einer anderen sagt: „Meine Mama ist extra aus der Ukraine heute hierhergekommen."
Auf der gegenüberliegenden Mainseite, die ich über eine Brücke erreiche, hocke ich mich auf eine der Stufen zum Wasser, wo auch viele andere Leute sitzen und wir

beobachten die zahlreichen Schwäne, die auf dem Fluss hin und her segeln mit aufgestellten Federn.
Um halb zwölf bin ich zurück auf dem Campingplatz. Eine Gruppe junger Engländer feiert noch. Einige Stunden später sind sie so laut, dass ich aufwache. Ich rufe durch die Zeltwand: „Be quiet please, I want to sleep!“ Sie haben Verständnis für mich müden Radler und verhalten sich dann ruhig. Den Rest der Nacht kann ich ungestört schlafen.

Dienstag, 27. Juni – Maulwurfshügel und dicke Kürbisse

Am Morgen kriecht aus dem Zelt gegenüber ein älterer Mann heraus und wundert sich über die Maulswurfshügel, die über Nacht um sein Zelt herum aufgeworfen wurden. Wir unterhalten uns. Er sei zu Fuß unterwegs mit dem Rucksack und wolle einige Tage hierbleiben, um mehrere Museen in Frankfurt zu besuchen. Radtouren habe er früher auch gemacht durch mehrere europäische Länder.
Die Engländer schlafen noch, als ich mich auf das Rad setze. Schon um zehn Uhr erreiche ich Rodenbach und komme am Sportplatz vorbei. Dort finden die Bundesjugendspiele statt. Hinter der Heckenumrandung haben sich zwei Schülerinnen versteckt, die sich wohl vor der körperlichen Anstrengung drücken wollen.
Zu Hause ist noch niemand, so dass ich in aller Ruhe mein Zelt zum Trocknen aufhänge und meine Taschen ausräume. Ich staune, wie groß meine Kürbispflanzen in einer Woche gewachsen sind. Endlich kommt meine Frau Jutta und ich kann anfangen, ihr von meinen Abenteuern zu erzählen.

Reise zum Schatz im Silbersee

nach Dresden auf den Spuren
von Karl May

Old Shatterhand ist auf dem Pferd geritten, ich bin im Sattel meines Drahtesels unterwegs. Ziel: Der Schatz im Silbersee. Die Theaterkarte für die Felsenbühne Rathen, auf der das Stück „Der Schatz im Silbersee" nach dem gleichnamigen Roman von Karl May aufgeführt werden soll, hatte ich schon online im Internet bestellt und mit der Post zugeschickt bekommen; sie ist in der Lenkertasche meines Reiserades gut verstaut.
Als ich vierzehn Jahre alt war, hatte ich angefangen, Karl May zu lesen. Die Abenteuer, die er in seinen Büchern erzählt, haben mich fasziniert. Die Helden habe ich bewundert, sie wurden mir zu Vorbildern. Ein Karl-May-Buch nach dem anderen habe ich verschlungen. Ein Klassenkamerad von mir, er hieß Uwe, war ebenfalls Karl-May-Leser. Wir haben uns getroffen und einander die neuesten Abenteuer, die wir von Karl May gelesen hatten, erzählt. Wir hatten sogar angefangen, Inhaltsangaben der Bücher zu schreiben und zusammenzuheften.
Abrupt hatte ich dann aufgehört, Karl-May zu lesen. Die häufigen Wiederholungen ähnlicher Passagen, wie zum Beispiel die Beschreibungen des Anschleichens und Lauschens, fingen an, mich zu langweilen. Erst Jahrzehnte später las ich wieder Karl May, jetzt unter einem anderen Gesichtspunkt. Mich interessierte der Mensch, der diese spannenden Reiseerzählungen schrieb und welche Weltanschauung er hatte.

Wenn man einen Menschen, der schon lange tot ist, kennenlernen will, liest man seine Bücher und besucht die Stätten seines Lebens, den Ort seiner Geburt, die Wege, die er ging, die Stationen seines Schaffens. Bezogen auf Karl May standen die Orte fest, die ich auf meiner Reise besuchen wollte: Hohenstein-Ernstthal, den Geburtsort Karl-Mays, dann Radebeul, wo er zuletzt lebte und starb, Dresden, die Stadt, in der er einige Jahre wohnte. Auch Bamberg wollte ich besuchen, die Stadt, in der der Karl-May-Verlag beheimatet ist, der bis heute seine Bücher herausgibt.

Montag, 2. Juni - Am Mittelpunkt Europas

Am Morgen meiner Abreise betrachte ich noch einmal das im Bau befindliche Modell des Hotels „Momo", das meine älteste Tochter Dorothee auf dem Wohnzimmertisch stehen gelassen hat, und fotografiere es. Sie hat Tage und Nächte daran gearbeitet, denn bald muss sie es für ihre Masterprüfung in Innenarchitektur abgeben. „Momo" ist ein sogenanntes „One-World-Hostel", eine preisgünstige Herberge, die sich durch Barrierefreiheit auszeichnet. Behinderte und Nichtbehinderte können sich in diesem Hostel treffen; sie wohnen zusammen und planen ihre Unternehmungen in die Stadt. Die Idee zu diesem Projekt ist ihr auf vielen Reisen gekommen, vor allem auf Reisen durch Südamerika. Dorothee ist - wie ich- ziemlich abenteuerlustig und gern unterwegs. Das hat sie wohl von mir geerbt.
So, jetzt schwinge mich auf mein vollgepacktes Rad und fahre erst einmal zum geographischen Mittelpunkt Europas, den ich nach 11,8 Kilometern erreiche. Er liegt in der Nähe des Ortes Meerholz, einem Ortsteil der Stadt

Gelnhausen. Um einen kleinen runden Platz herum stehen Masten, an denen die Fahnen der Staaten der Europäischen Union wehen. Bänke laden zum Ausruhen ein. In der Mitte des Platzes liegt ein runder, roter, bearbeiteter Sandstein, der an einen Mühlstein erinnert. Darauf sind die Himmelsrichtungen und die Richtungen, in denen die europäischen Länder liegen, eingearbeitet. Für mich ist es ein besonderes Gefühl, vom Mittelpunkt Europas aus meine Radreise nach Dresden zu starten und ich fotografiere mich selbst, indem ich meine Kamera auf eine Bank stelle, den Selbstauslöser einschalte und zum Stein laufe, auf den ich mich schnell setze und schon ist das Foto fertig. (Der Mittelpunkt der Europäischen Union hat sich inzwischen durch Eintritte weiterer Staaten und durch den Austritt Großbritanniens weiter verschoben, und zwar nach Gadheim, einem Ortsteil von Veitshöchheim, im Landkreis Würzburg in Bayern.)

Ich radle weiter durchs wohlbekannte Kinzigtal und biege ins Biebertal ab. Über Bieber und die Flörsbacher Höhe gelange ich nach Frammersbach. Auch den Radweg weiter in Richtung Lohr bin ich schon oft gefahren, aber heute erkenne ich den Weg hinter dem Frammersbacher Industriegebiet nicht wieder. Ich durchquere eine riesige Baustelle; mein Rad rutscht durch lockeren Kies. So etwas wie einen Radweg kann ich nicht erkennen.

„Da geht's nicht weiter!", ruft mir ein Mann aus einer Planierraupe heraus zu und zeigt nach links. Ich erkenne zwischen Bergen aufgehäufter Erde dann doch den Radweg. „Ich erkenne das hier nicht wieder", sage ich zum Planierraupenfahrer im Vorbeisausen. „Ah, ja", ruft er zurück und weg bin ich.

Als ich in Lohr vor einer Bäckerei eine Tasse Kaffee trinke, fängt in meinem rechten Oberschenkel ein

furchtbarer Krampf an, dann auch im linken. Die Muskeln der Oberschenkelinnenseiten tun höllisch weh. So etwas passiert mir manchmal bei längeren anstrengenden Radfahrten bergauf, so wie eben gerade die lange Steigung von Bieber bis zur Flörsbacher Höhe und dann die Steigungen am Lohrbach entlang. Gegen die furchtbaren Krämpfe tue ich das, was ich in diesem Fall immer tue: Ich drücke vorsichtig mit den Fingern auf die schmerzenden Stellen, versuche bewusst die Beine zu entspannen und atme möglichst ruhig und langsam tief ein und aus. Beim Ausatmen stelle ich mir vor, dass die ausgeatmete Luft die verkrampften Muskeln durchfließt und den Krampf einfach mitnimmt. Zusätzlich schütte ich mir noch eine Portion Magnesiumpulver auf die Zunge und spüle es mit Mineralwasser hinunter. Die Krämpfe lassen langsam nach.
Am Tischchen neben mir sitzen ein altes Ehepaar und eine Frau im Alter etwa zwischen 50 und 60 Jahren. Sie wird von fast allen Passanten begrüßt und sie grüßt zurück und wechselt einige Worte mit den Leuten, die sie kennen und die sie kennt. Sie scheint eine bekannte Persönlichkeit in Lohr zu sein, vielleicht ist sie sozial engagiert oder übt einen Beruf im sozialen Bereich aus. So geht es mir auch, denke ich, wenn ich in Rodenbach vor der Eisdiele sitze. Ich kenne als Pfarrer ja auch viele Menschen; sie sprechen mich an und es ergeben sich kleine Gespräche, die die Kontakte festigen.
Beim Aufstehen habe ich noch leichte Schmerzen. Als ich weiterfahre, spüre ich nichts mehr.
Nach 101,8 Kilometern Fahrt komme ich auf dem Campingplatz Rossmühle an der Fränkischen Saale an. Nach dem Kochen, Essen, Duschen und Wäschewaschen spaziere ich am Ufer des Flüsschens entlang und setze mich an das Wasser, mitten zwischen duftende

Wasserminze. Ein Pärchen in einem Kanu kommt vorbei gepaddelt. Sie fragen mich, wo der nächste Anleger sei. „Das weiß ich nicht, ich bin auf dem Landweg hierhergekommen", antworte ich. Später stelle ich dann fest, dass die Anlegestelle direkt am Campingplatz ist, höchstens 100 Meter weiter.
Ich erinnere mich an die Kanutour mit meiner Frau Jutta und meiner jüngsten Tochter Joana vor drei Jahren, als wir auf der Fränkischen Saale von Hammelburg bis Gemünden paddelten. Am Anfang hatten wir ziemliche Schwierigkeiten mit dem harmonischen Zusammenspiel der Paddel und stritten uns über die beste Methode. Bunt schillernde Eisvögel, die über der Wasseroberfläche dahin schwirrten und sich auf Ästen niederließen, um nach Fischen Ausschau zu halten, lenkten uns von unseren Streitereien ab. Schließlich hatten wir doch den passenden Rhythmus gefunden und kamen zufrieden am Zielpunkt an.

Dienstag, 3. Juni - Berge, Täler und die grünen Bücher

In der Nacht regnet es längere Zeit ziemlich kräftig. Als der Morgen graut, weckt mich der flötende Gesang unzähliger Amseln. Als ich aus dem Zelt krieche, ist der Himmel bewölkt, der Regen aber hat nachgelassen.
Bei Hammelburg erheben sich riesige Parabolspiegel aus der Landschaft und sind auf den Himmel ausgerichtet. Wird hier der Kontakt mit Außerirdischen gesucht? Auf einem Schild lese ich: „Erdfunkstelle". Wie ich später, nach meiner Reise, im Internet erfahre, dient die Erdfunkstelle dem Kontaktieren von Satelliten, die für

Mobilfunk, Radio und Wetterbeobachtung zuständig sind.
Der nächste Ort, den ich auf meiner Karte finde, heißt Greßthal und bis dahin habe ich „greßliche" Anstiege zu überwinden. Kaum habe ich eine Anhöhe geschafft, sause ich in rasender Fahrt wieder hinunter und da steht schon der nächste Berg vor mir; die Straße führt steil hinauf, eine schweißtreibende Angelegenheit. Zum Glück ist es heute nicht so heiß. Nur selten schafft es ein Sonnenstrahl, die Wolkendecke zu durchbrechen. Von dem nächsten Höhepunkt herab habe ich eine wunderschöne Aussicht auf bewaldete Höhenzüge, in Täler mit grünen Wiesen und Kornfeldern, dazwischen sind kleine Dörfer gestreut. Es lohnt sich, die Mühe des Bergauffahrens auf sich zu nehmen, wenn ich mit so überwältigend schönen Ausblicken belohnt werde. Ein wahrlich erhebendes Gefühl, vor allem, weil ich es aus eigener Kraft geschafft habe.
Mir fällt das Märchen von Sitara ein, das Karl May von seiner Großmutter erzählt bekam und das die Grundlage seines gesamten literarischen Werkes wurde. May erzählt die Zusammenfassung dieses Märchens im Band „ICH". Sitara ist ein Stern, auf dem das Land in eine sumpfreiche Ebene und ein Hochland aufgeteilt ist. Beide Teile sind durch einen steil nach oben führenden Urwaldstreifen miteinander verbunden. Das ebene Land heißt Ardistan, das Hochland Dschinnistan. Ardistan ist die Heimat der niederen, selbstsüchtigen Daseinsformen, das Land der Gewalt- und Egoismusmenschen, während Dschinnistan, nah an der Sonne, der Ort der Nächstenliebe und der Humanität ist; dort wohnen die „Edelmenschen" wie in einem Paradies. Wer sich aus Ardistan nach Dschinnistan sehnt, kommt nur dorthin, wenn er stark genug ist, die geschlossenen Grenzen

Ardistans zu überwinden, denn es ist verboten, das Land zu verlassen. Wer es dennoch schafft, hat in dem steil ansteigenden Urwaldstreifen „Märdistan" schwerste Prüfungen in der „Geisterschmiede" zu bestehen. Erst wer diese Prüfungen bestanden hat, ist würdig, nach Dschinnistan zu kommen.

Ich denke an die Erzählungen der Bibel vom Neuen Jerusalem, das vom Himmel herabkommt, die Stadt, in der die Menschen nicht mehr leiden müssen und keinen Grund haben, Tränen zu vergießen. Hunger, Krankheit und Unrecht wird es dort nicht mehr geben.

Am Ende der Straße ragt plötzlich der Kirchturm von Greßthal auf und reißt mich aus meinen Träumen heraus. Ich schaue auf meinen Fahrradcomputer und auf meine Armbanduhr. Ich habe in zwei Stunden nur 25 Kilometer geschafft.

In Haßfurt kommt endlich die Sonne heraus und ich schmiere mir Arme und Oberschenkel mit Sonnencreme ein, um einen Sonnenbrand zu vermeiden. Als ich wieder am Main bin, fährt es sich sehr leicht auf zumeist glattem Asphalt neuer Radwege. Auf diese Weise komme ich schnell vorwärts und erreiche Bamberg in verhältnismäßig kurzer Zeit.

Schnell baue ich mein Zelt auf dem Campingplatz „Campinginsel Bamberg Bug" am Ufer der Regnitz auf. Von der anderen Seite des Flusses höre ich einen Kuckuck rufen als wollte er mich begrüßen. Ich beeile mich mit dem Duschen und Umziehen, denn ich will möglichst noch während der Arbeitszeit im Karl-May-Verlag in der Schützenstraße 30 sein. Mit Hilfe eines Stadtplanes, den ich mir vorher in Bamberg gekauft hatte, finde ich die Adresse schnell.

Die Verlagsräume befinden sich im ersten Stock einer alten Villa. Im Erdgeschoss ist eine Kanzlei untergebracht. Die Haustür steht offen und ich steige die Treppe hinauf. Ein Schild neben einer Wohnungstür weist mich darauf hin, dass hier der Karl-May-Verlag zu Hause ist.

Ich drücke auf den Klingelknopf. Ein junger Mann öffnet die Tür. Ich stelle mich ihm vor: „Mein Name ist Schröder. Ich bin Karl-May-Fan und würde gern mal den Verlag sehen, wenn es möglich ist." „Der Verlag besteht nur aus diesem Büro, hier gibt es nicht viel zu sehen. Aber kommen Sie doch kurz herein. Sie haben Glück, dass noch jemand da ist. Schauen Sie sich um!"

Über einer Tür im Flur hängt ein Bild von Winnetou, an der Wand steht eine Büste von ihm. Vitrinen zeigen kleine Indianerfiguren. Der junge Mann setzt sich hinter seinen Schreibtisch und ordnet einige Schriftstücke auf der mit ziemlich vielem Papier und Büchern beladenen Tischplatte.

„Sie stellen immer noch die grünen Karl-May-Bände mit dem goldenen Rand her?", frage ich. „Ja." „Werden die immer noch gekauft?" „Ja, sonst gäbe es uns nicht mehr."

Ich selbst habe zu Hause im Bücherregal etliche Exemplare der grünen Bände, gedruckt in den 50er und 60er Jahren; ich kaufte sie für wenige Cent auf dem Bücherflohmarkt der Evangelischen Kirchengemeinde Rodenbach.

Ich frage höflich, ob ich das Büro fotografieren darf. „Wenn es nur für private Zwecke ist, gern", antwortet er mir. Er ist, wie ich dann am Samstag in Hohenstein-Ernstthal erfahren habe, der Geschäftsführer des Karl-May-Verlages und heißt Bernhard Schmid. Er ist ein Nachkomme von Dr. Euchar Albrecht Schmid, einem Freund und Unterstützer Karl Mays, der die Rechte zur

Herausgabe von Mays Werken erhalten hatte. Der Karl-May-Verlag ist also bis heute ein Familienbetrieb.
Am Abend probiere ich in einer Gaststätte das angepriesene Bamberger „Rauchbier". Es ist ein dunkles Bier, das so schmeckt, als sei der Rauch von Holzfeuer durch das Bier hindurch geleitet worden. Nicht gerade mein Geschmack, aber zum Essen doch durstlöschend.
„Das Malz wird geräuchert", erklärt mir der Kellner auf meine Frage, wie denn das Bier zum Rauchbier werde.
Bei einem Bummel durch die Stadt bewundere ich die Geschicklichkeit der Kajakfahrer, die sich auf der schäumenden Strömung zwischen den Brücken hin und her bewegen und ab und zu eine Eskimorolle vorführen.

Kajakfahrer auf der Regnitz in Bamberg

Mittwoch, 4. Juni - Ein gastlicher Platz über einer „Geisterstadt“

Heute durchquere ich den Naturpark Fränkische Schweiz. In Kronach mache ich Pause in einem Café unterhalb der Festung. Ich frage die Bedienung nach dem Weg in Richtung Stockheim. „Dahin fahre ich auch oft mit dem Rad”, antwortet sie mir, „da gibt es schöne Radwege. Also, Sie biegen beim Schmuckgeschäft links ein und fahren dann beim Biergarten über die kleine Brücke, dann rechts am Wasser entlang und immer geradeaus.” Ich finde den wirklich schönen Radweg. Der Gesang der Nachtigallen begleitet mich. Kaum habe ich eine singende Nachtigall hinter mir gelassen, höre ich schon die nächste. Es ist wie eine Nachtigallen-Liederstaffel. Der Gesang der Nachtigall ist im Vergleich zu anderen Vögeln sehr laut und besteht aus einer Reihe wiederholter Ruftöne, aus langgezogenen, klagenden Pfeiftönen, Trillern und Flötenmelodien in vielfältigen Variationen.
Im Naturpark Frankenwald, bei Pressig, wird das Tal, durch das ich radle, auf einmal sehr eng; die Berge rechts und links der Straße und der Bahngleise rücken zusammen. Einen Fahrradweg gibt es nicht mehr und ich muss die Bundesstraße mit vielen Autos, vor allem mit voll beladenen Lastwagen, teilen, die donnernd an mir vorbeirasen. Die Windwirbel, die die Lastzüge hinter sich herziehen, wollen mich aus dem Gleichgewicht bringen und ich muss gegensteuern und mich darauf konzentrieren, möglichst weit rechts am Fahrbahnrand zu fahren. Hoffentlich komme ich bald auf eine weniger befahrene Straße.
Endlich geht es rechts ab auf eine kleine, wenig befahrene, aber steil ansteigende Straße. Ich bin froh, wieder

ruhig, ohne die Gefahr des Schwerlastverkehrs, fahren zu können. Den Gesang der Nachtigallen vermisse ich. Sie kommen im nun beginnenden Bergwald nicht mehr vor. Ein leichter Nieselregen setzt ein, der während des Anstiegs angenehm erfrischend wirkt. Der Anstieg ist manchmal so steil, dass ich mein Rad schieben muss.
Am späten Nachmittag komme ich in Teuschnitz an. Dort ist auf meiner Karte ein Campingplatz verzeichnet, auf dem ich gern übernachten will. Ich habe heute genug Kilometer geschafft, 101 sind es genau. Die schnurgerade Hauptstraße von Teuschnitz führt steil bergauf. Ich schiebe mein Rad mal wieder. Große Häuser aus Stein im klassizistischen Stil reihen sich beidseitig der Straße aneinander. Die kleine Stadt wirkt wie ausgestorben. Alle Geschäfte haben geschlossen. Die Gasthöfe „Zum Roten Ochsen" und „Zum Schwarzen Kreuz" sind schon lange nicht mehr in Betrieb und stehen leer. Auf den Treppen vor den Eingängen wächst hohes Gras, die Fensterscheiben sind so verstaubt, dass sie undurchsichtig geworden sind. Keinen Menschen entdecke ich auf der Straße; ab und zu fährt ein Auto durch. Nur ich bin da mit meinem Fahrrad und habe den Eindruck, in einer Geisterstadt gelandet zu sein.
Am Marktplatz steht eine Infotafel mit Stadtplan und Karte der nächsten Umgebung sowie mit Zimmernachweisen. Ein Campingplatz ist hier nirgends erwähnt, aber zum „Jugendbildungshaus am Knock" gehören zwei Zeltplätze, lese ich in der Liste der nur sieben Häuser, die Gästezimmer anbieten. Ich rufe mit meinem Handy im „Haus am Knock" an, um mich für den Zeltplatz anzumelden. Eine freundliche Männerstimme sagt: „Sie können gern Ihr Zelt aufbauen. Duschen und Toiletten sind für die Campinggäste vorhanden. Bis bald." „Bis dann."

Nach wenigen Minuten weiteren Bergauffahrens bin ich dort. Der nette junge Heimleiter, mit dem ich telefoniert hatte, kommt gleich auf mich zu und zeigt mir ein Stück frisch gemähter Wiese, auf der ich mein Zelt aufschlagen kann. Er berichtet mir, dass gerade eine vierte Klasse hier sei, die zum Thema „Robuste Kids" die Bedeutung gesunder Ernährung und Bewegung durch eigene Aktivität lernt. Es fänden auch Wochen für Schulabgänger statt, um ihnen bei ihrer Berufswahl zu helfen.
Ich fühle mich sehr wohl hier oben, fast so wie in „Dschinnistan" oder der Stadt, die vom Himmel herabgekommen ist. Ich bereite mein Abendessen und schaue den Kindern beim Ballspielen zu. Meine Wäsche hänge ich nach dem Waschen in den Bauzaun neben dem Zeltplatz. Am Abend kommt das Team der ehrenamtlichen Mitarbeiter des „Haus am Knock", um sich zu einem Grillabend zu treffen. Der Leiter der Gruppe lädt mich am Schluss des Treffens ein, eine noch übrige Bratwurst zu essen, aber ich bin so satt von meinen Pellkartoffeln mit Matjesfilet und Joghurt-Apfelsoße, dass ich dankend ablehne. Ich gehe noch in die „Geisterstadt" hinunter in der Hoffnung, irgendwo ein Bier trinken zu können. Die einzige offene Gaststätte hat jedoch wegen einer dort stattfindenden Vereinsversammlung geschlossen. Wieder zurück beim „Haus am Knock" regt sich auch hier nichts mehr und ich krieche in meinen Schlafsack.

Donnerstag, 5. Juni - Schiefer und Schokoladenluft

Früh am Morgen verabschiede ich mich vom „Haus am Knock" bei den beiden Damen im Büro, lasse den Heimleiter von mir grüßen und beginne bei schönstem

Sonnenschein meine heutige Etappe. Eine Hochstraße führt mich weiter durch den Frankenwald. Bei einem Schild, das 686 Meter über NN anzeigt, kreuze ich den Rennsteig, der aus dem westlichen Thüringer Wald kommt. Eine Tafel am Straßenrand verabschiedet mich aus dem Frankenwald; kurz vor dem Dorf Lehesten heißt mich ein Schild dann im Thüringer Wald willkommen.
Die Häuser von Lehesten sind fast alle mit Schiefer gedeckt und rundum mit Schiefer verkleidet. Die Ortsmitte ist eine einzige Baustelle; die Straßen werden neu gemacht und sind für Autos gesperrt. Deshalb gibt es auch nirgends Wegweiser, die mir irgendwie helfen könnten, in welche Richtung ich weiterfahren muss. Aus einem schieferumrahmten Fenster lehnt sich ein mit einem Unterhemd bekleideter Mann. Er bemerkt meinen suchenden Blick, der abwechselnd auf die Karte und in die Richtungen der Straßen wandert. „Sie wissen wohl nicht weiter?", ruft er mir zu. „Nein, ich will in Richtung Leutenberg." „Da fahren Sie am besten über Schmiedebach." Er zeigt mit dem Arm in eine Richtung: „Also, dort geradeaus, dann kommen Sie an der Dachdeckerschule vorbei und dann steil bergab." „Okay, danke", rufe ich und trete in meine Pedale.
Nach kurzer Zeit komme ich an der Einfahrt zur Dachdeckerschule vorbei. Weiter hinten sehe ich das Schulgebäude stehen, daneben befindet sich ein großer Schiefer-Steinbruch. Hier können sich die Dachdeckerschüler ihr Material zum Üben selbst holen. Die Landschaft ist sanft gewellt. War das eben schon die steile Abfahrt? Kann eigentlich nicht sein. Am Ortseingang von Schmiedebach dann stehe ich am Rand einer wirklich steilen Abfahrt, so steil wie eine Schipiste. Ja, ich stehe, ich bin abgestiegen, ich schiebe lieber, das heißt, das

Rad zieht mich bergab und ich muss es zurückhalten, damit es mir nicht davon stürmt. Unten angelangt steige ich wieder auf und fahre weiter. An einer Kreuzung hält ein Auto neben mir. Das Fenster wird heruntergekurbelt und ich erkenne den Mann, der mir in Lehesten den Weg beschrieben hatte. Jetzt ist er aber richtig angezogen, mit Hemd und Krawatte. „Weiter sind Sie noch nicht gekommen?", ruft er mir zu. „Nein, so schnell wie mit dem Auto bin ich nicht", schallt meine Antwort zurück.
Bei Wahlstädt überquere ich die Saale auf einer Brücke. Beim Blick hinab ins Wasser sehe ich, dass es braun wie Kakao ist.
Es ist ein heißer Tag heute. Wie gut, dass ich kühle Getränke dabeihabe. Ich halte an und greife unter die Spanngummis meines Gepäcks. Dort habe ich über das zusammengerollte Zelt die noch nasse Wäsche vom gestrigen Waschen befestigt und die Getränke darin eingewickelt. Während der Fahrt entsteht Verdunstungskälte. Der Apfelsaft ist merklich kühler als die Luft und erfrischt wunderbar meine durstige Kehle. So habe ich mir ganz einfach einen Kühlschrank eingerichtet, der auch noch als Wäschetrockner dient!
In Weischwitz suche ich den Radweg, der mich weiter nach Saalfeld führen soll. Ich folge einem Wegweiser, der mich steil bergauf fahren lässt, so sehr steil, dass ich mein Rad schieben muss, mich mit meinem ganzen Körpergewicht dagegen stemme, damit ich es überhaupt vorwärts bekomme. Während ich mich abquäle, kommt mir ein Auto entgegen. Es hält vor mir und ein Mann steigt aus. „Fahren Sie lieber nicht diesen Weg", rät er mir. „Dieser Weg ist weiter oben sehr schlecht, voller Schlaglöcher, und Sie müssen noch mehrmals so steil bergauf. Wenn Sie wieder zurück in den Ort fahren,

dann über die Brücke und auf die Bundesstraße, sind Sie schon in einer Viertelstunde in Saalfeld. Wenn Sie dem Weg hier weiter folgen, brauchen Sie mindestens eine Dreiviertelstunde. Außerdem fahren Sie meistens durch Wald und sehen nichts von der Landschaft. Aber genießen Sie, bevor Sie sich entscheiden, doch noch die schöne Aussicht von hier."
Immer wieder von neuem beschwört er mich, wie viel besser das kurze Stück über die Bundesstraße sei und redet ohne Punkt und Komma. „Ich weiß, ich wiederhole mich, aber ich sage es noch einmal ..." Dann zeigt er mit dem Arm in die Richtung, die er mir empfiehlt und wirbt weiter für seine Empfehlung: „Ach ja, die Felswand dort hinten, die ist sehr sehenswert. Sie kommen ganz nah daran vorbei. Und bei dem grünen Gebäude, das Sie da erkennen, fängt wieder ein Radweg an. Das Gebäude ist übrigens eine Schokoladenfabrik."
Ich überlege mir, wie ich mich entscheiden soll. Wegen des vielen Verkehrs auf der Bundesstraße ohne Radweg habe ich sie ja verlassen, um mehr Ruhe zu haben, auch wenn ich langsamer vorwärtskomme und es mehr Anstrengung kostet. Der Lärm der vielen Lastzüge hatte mich einfach genervt und gefährlich fand ich es auch; die Strecke an der verkehrsreichen Straße gestern war schon schlimm genug. Andererseits waren die Anstiege, die ich auf der Nebenstrecke bis jetzt schon bewältigt hatte, ziemlich heftig. Ich wäge beides gegeneinander ab: Zehn Minuten laute Bundesstraße bis zum Beginn des Radweges oder fast eine Stunde bergauf schieben und Abfahrten über Schlaglöcher. Ich entschließe mich dann doch für die zehn Minuten Bundesstraße und bedanke mich bei dem Mann für seinen Rat. Er steigt in sein Auto und ich auf mein Rad und lasse mich das mühsam

erklommene steile Stück wieder hinunterrollen und fahre auf die Bundesstraße.
Ich bestaune die riesigen Felsen der „Bohlenwand" und komme an der Schokoladenfabrik „Sprengel-Stollwerk" vorbei, die früher „Thüringia" hieß, wie mir das alte, etwas verwitterte Firmenschild aus DDR-Zeiten kundtut. Ein schwerer süßer Schokoladenduft liegt in der Luft und begleitet mich bis Saalfeld. Nicht nur in der Nase, sogar auf der Zunge spüre ich das Schokoladenaroma - oder bilde ich mir das nur ein?
Das Ziel meiner Etappe heute ist Stadtroda, ein kleines Städtchen an dem Flüsschen mit Namen Roda gelegen. Einen Campingplatz gibt es hier nicht, ich finde keinen entsprechenden Hinweis auf meiner Karte und auch keinen Wegweiser in der Stadt. Dann suche ich eben ein Hotel und eine Pension und folge den Wegweisern hoch in die Altstadt, in der Hoffnung, dort am ehesten ein Hotel zu finden. Die Altstadt besteht aus grauen, verfallen wirkenden Häusern, einen wohltuenden Farbklecks sehe ich nirgends. Die einzigen Menschen, die ich treffe, sind einige junge Frauen, die sich mit ihren kleinen Kindern auf einem Spielplatz neben der alten grauen Kirche treffen. Ich gehe hin und die Frauen unterbrechen ihr Gespräch, als sie mich kommen sehen. Ich frage nach einem Hotel und bekomme die Antwort, dass es hier in der Altstadt keins gibt, ich solle wieder hinunterfahren und nach dem „Schützenhaus" fragen. Ich lasse also mein Rad bergab rollen und nehme eine andere Straße, von der ich hoffe, der Weg sei kürzer. Aber plötzlich habe ich eine lange Treppe vor mir; ich müsste mein Rad Hunderte von Stufen hinuntertragen. Also kehre ich um und finde dieselbe Straße wieder, die ich hinaufgekommen war. Der Stadtteil, in dem die Pension „Schützenhaus" liegt, sieht freundlich aus; die Häuser

sind renoviert und von außen frisch verputzt und angestrichen. Das Schützenhaus finde ich am Ortsausgang, in der Richtung, in die ich morgen weiterfahren will. Das passt gut. Ein Zimmer ist frei und ich quartiere mich in der Pension, die eigentlich ein komfortables Hotel ist, ein.

Freitag, 6. Juni - Uranbergwerk und „Rolling Prairie"

Im kleinen Dorf Bollberg frage ich einen Mann nach dem Weg: „Ich habe die Wegweiser des Radweges nicht mehr gefunden. Wie komme ich weiter?" „Ja, die Wegweiser werden oft von Jugendlichen zerstört." „Gibt es hier keinen Sportverein, in dem Jugendliche sich austoben können?" „Es gibt hier nur den Feuerwehrverein, der spielt aber auch Fußball und setzt den Maibaum." „Maibaum?" „Ja, jedes Jahr feiern wir im Mai ein großes Fest im Dorf. Dazu wird der Maibaum gesetzt, das heißt aufgestellt. Manchmal wird der Maibaum nachts von Bewohnern eines anderen Dorfes stibitzt. Da muss man aufpassen! In anderen Dörfern gibt es einen extra Verein für das Maibaumsetzen. Hier macht das die Feuerwehr." Interessant, was für Gebräuche es gibt! Ich lasse mir den weiteren Weg erklären, verabschiede mich und steige auf mein Rad.
Einige Kilometer vor Gera biegt aus der Seitenstraße eines Dorfes eine Radfahrerin auf den Radweg ein und wir beginnen ein Gespräch. Sie wolle nach Gera. Sie erzählt mir von Problemen in ihrer Familie. Ich muss wohl für andere Menschen so eine gewisse Ausstrahlung haben, dass sie auf den ersten Blick Vertrauen zu mir bekommen und mir ihre ganze Lebensgeschichte und

ihre drückendsten Sorgen anvertrauen. Als ich einmal vor vielen Jahren mit meiner Frau und ihrer Schwester in Bremen spazieren ging, kam uns auf dem Radweg neben dem Bürgersteig ein Mann entgegen. Er bremste sein Rad scharf, als er neben mir war und fing sofort an, mir sein ganzes Leben zu erzählen. Ich wollte einen Zwischenkommentar geben, aber er ließ mich nicht zu Wort kommen. Nach etwa einer Viertelstunde war er fertig, bedankte sich für das „Gespräch", stieg auf sein Rad und fuhr davon. Ein anderes Mal passierte es mir, als ich mit meiner Frau während eines Sprachkurses drei Monate in Buenos Aires wohnte. Wir fuhren nachts, vom Kino kommend, mit der S-Bahn zu unserer Wohnung im Vorort Villa Ballester. Wir saßen allein im Waggon. An einer Haltestelle stieg ein Mann ein, setzte sich zu uns und erzählte seine Lebensgeschichte - auf Deutsch. Er konnte eigentlich gar nicht wissen, dass wir Deutsche waren, denn wir hatten nichts gesagt, als er einstieg. Nach einigen Stationen verließ er die Bahn, nachdem er sich bei uns für das Gespräch bedankt hatte.

So war es auch hier auf dem Radweg wieder geschehen: Eine wildfremde Frau hat auf einmal so viel Vertrauen zu einem wildfremden Mann und erzählt, was sie bedrückt. Als sie von mir erfährt, dass ich weiter über Ronneburg fahren will, berichtet sie mir von dem dortigen Gelände der Bundesgartenschau aus dem Jahr 2007: „Die Gartenschau ist auf dem Gelände eines ehemaligen Uranbergwerks errichtet worden. Ich war mal in einer Umweltschutzgruppe aktiv. Wir haben dort wenige Wochen vor der Bundesgartenschau noch hohe Werte an Radioaktivität gemessen. Die Verantwortlichen wollten davon aber nichts wissen. Es ist alles schön gestaltet, aber das darunter, das hat es in sich! Wenn Sie nach

Gera kommen, dann sehen Sie sich mal die Leute an. Die sehen alle krank aus."
In Gera trennen sich unsere Wege, sie biegt nach links über eine Brücke in die Innenstadt ein, ich fahre geradeaus weiter in Richtung Ronneburg. In einem Supermarkt kaufe ich zu essen und zu trinken ein und schaue mir die Leute an, ob sie krank aussehen. Mir fällt aber nichts auf. Sie machen einen ganz normalen Eindruck wie woanders auch.

junge Bäume auf dem ehemaligen Uranbergwerk

Das Gelände der Bundesgartenschau im Gessental ist wirklich sehenswert. Die Halden des einstigen Bergwerkes sind mit Bäumen bepflanzt, die in einigen Jahren zu einem dichten Wald herangewachsen sein werden. Vor allem für Kinder ist es hier attraktiv: Ein riesiger Abenteuerspielplatz mit unzähligen Klettermöglichkeiten und Spielgeräten lädt zum Herumtoben ein. Schwankende Hängebrücken verbinden die Kuppen der Halden miteinander. Ich beobachte eine Kindergartengruppe beim Herumtollen und beim Versteckspiel in großen Röhren. Werden sie „strahlend" heimkommen?
Informationstafeln zeigen, wie die Entgiftung der alten Bergwerksstollen vonstatten geht: Die Stollen werden geflutet, das Wasser wird „gefasst", damit es nicht in andere Gewässer eindringen kann, und dann einer Wasserbehandlungsanlage zugeführt, in der es entgiftet wird. Die Gegend ab Ronneburg diente Karl May wohl als Vorbild für die „Rolling Prairie" aus seinem Buch „Der Schatz im Silbersee". Von einer Anhöhe aus geht mein Blick ins Sächsische; die Landschaft sieht ziemlich flach aus und ich kann weit sehen. Keine Höhenzüge wie im Thüringer Wald begrenzen die Sicht, aber die vielen kleinen Hügel, die von oben gesehen die Landschaft wellig wirken lassen, haben es in sich. Oft ist die Straße so steil, dass ich mein Rad schieben muss. Glücklicherweise ist es heute nicht so furchtbar heiß. Doch nach wenigen hundert Metern schon fällt die Straße wieder steil ab. Aber die Abfahrt ist nur kurz. Dann ist der nächste kleine, steile Hügel zu überwinden. In jedem Dorf muss ich jemanden finden, um den Weg in den nächsten Ort zu erfragen. Bereitwillig und freundlich geben mir die Menschen Auskunft. Hilfreiche Wegweiser, die mir zur Orientierung dienen, gibt es so gut wie keine. Manche Wegweiser bestehen aus Pfeilen, die in

eine Richtung zeigen, aber einen Ortsnamen suche ich darauf vergeblich.
Abschnitt für Abschnitt komme ich meinem heutigen Tagesziel näher, dem Campingplatz „Stausee Oberwald" bei Callenberg, nur wenige Kilometer von Hohenstein-Ernstthal entfernt, wo ich morgen Vormittag sein will. Nach einem abendlichen Spaziergang am Stausee entlang entdecke ich beim Ausgang des Campingplatzes einen hölzernen Wegweiser, auf dem steht: „Karl-May-Höhle 2,5 km". Von dieser Höhle hatte ich schon gelesen, aber dass sie hier ganz in der Nähe liegt, das wusste ich nicht. Weil es schon dunkel wird, suche ich diese Höhle jetzt nicht, aber morgen früh werde ich mit dem Rad hinfahren!

Samstag, 7. Juni - Das Weberhaus und die Villa Shatterhand

Gleich nach dem Frühstück mache ich mich mit dem Fahrrad auf den Weg zur Karl-May-Höhle. Wegweiser führen mich durch hohen Buchenwald. Als der Waldweg sich gabelt, fehlt ein Wegweiser und ich halte an. Soll ich nach links oder nach rechts fahren? Da kommt von rechts eine Joggerin gelaufen. Ich frage sie nach der Karl-May-Höhle. „Sie müssen den Weg links rein." „Okay, danke!"
Ich folge also dem Weg links und finde auch wieder hilfreiche Wegweiser. Da, wo es drei verschiedene Möglichkeiten zur Weiterfahrt gibt, steht kein Wegweiser. Der letzte zeigte 0,5 km an. Weit kann es nicht mehr sein, also kann ich alle drei Möglichkeiten ausprobieren. Schon der erste Versuch gelingt: „Karl-May-Höhle 0,1 km". Da entdecke ich zwischen Bäumen einen Tisch

mit Bänken davor, darüber ein Dach. Ein Bächlein fließt vorbei. Eine kleine hölzerne Brücke über das Wasser geht in einen schmalen Pfad über, der zum Eingang der Höhle führt. Ich beuge mich hinein. Ich sehe nur ein dunkles Loch. Ein Tunnelgang führt nach rechts; ich leuchte mit dem Lämpchen an meiner Kamera hinein und mache ein Foto mit Blitz. Dieser Tunnelgang ist schon nach zwei Metern zu Ende. Geradeaus scheint der Stollen noch viel weiter in dunkles Gestein vorzudringen. Mir ist etwas unheimlich zumute. Hätte ich die batteriebetriebene Laterne, die in meinem Zelt hängt, doch mitgenommen! Ich fotografiere nur in die Dunkelheit hinein. Mehr als ein dunkles Loch ist auf dem Bild nicht zu sehen. Der Gang muss wohl doch noch weiter in den Berg hineinführen, denn Karl May hatte sich im Jahr 1869 hier vor der Polizei versteckt gehalten. Die „Eisenhöhle", wie sie früher hieß, „ist ein um 1620 im Verlaufe bergmännischer Erkundungsarbeiten entstandener Stollen, der unweit des Serpentinitsteinbruches in den Kieferberg hineingetrieben wurde." (Zitiert aus: Hans Zesewitz, Die Karl-May-Höhle bei Hohenstein-Ernstthal, in: Festschrift „75 Jahre Karl-May-Verlag", Bamberg 1988). Weil es für mich nichts weiter zu sehen gibt, kehre ich zum Campingplatz zurück, nicht ohne noch mal eine Waldarbeiterin nach dem Weg fragen zu müssen.

Nachdem ich meine Sachen gepackt und ans Fahrrad gehängt habe, mache ich mich auf den Weg nach Hohenstein-Ernstthal. Zunächst fahre ich noch auf einem Radweg neben einer vielbefahrenen Straße, der jedoch bald endet, so dass ich auf der Fahrbahn radeln muss. Ein Lastzug überholt mich. Der Fahrer hat das Fenster heruntergekurbelt und ruft mir aus dem vorbeifahrenden Wagen etwas zu, das ich im Motorenlärm nicht

verstehe: „Seeeaaaaamaaaääääälooooorrrrrmmmmm!" Was meint er? Fahre ich vielleicht auf einer Straße, die für Radfahrer verboten ist? Nein, das kann nicht sein, denn das Ende des Radweges führte ja auf die Fahrbahn hinauf. Oder stimmt etwas nicht mit meinem Rad? Ich gucke unter meiner linken Schulter nach hinten. Die linke hintere Gepäcktasche ist weg! Jetzt weiß ich, was der Brummifahrer mir zurief: „Sie haben etwas verloren!" Sofort kehre ich um und da sehe ich meine Tasche am Ende des Radweges liegen. Ich hatte sie wohl nicht richtig eingehängt, so dass sie abfallen konnte.
Über eine Straßenbaustelle finde ich den Zugang zum Bahnhof von Hohenstein-Ernstthal. Ich habe mich nämlich entschieden, mit dem Zug weiter bis Dresden zu fahren. Wenn ich noch das Karl-May-Haus sehen und heute auch das Karl-May-Museum in Radebeul besuchen will, dann schaffe ich das nicht, wenn ich noch mehr als hundert Kilometer über die Sächsische „Rolling Prairie" zu fahren habe. Ein ausgezeichneter Radweg durch das Hügelland direkt nach Dresden ist auf meiner Radwanderkarte nicht markiert und ich müsste mich wohl wieder von Dorf zu Dorf durchfragen, was sehr aufhält. Also fahre ich nachher lieber mit dem Zug weiter. Das geht zwar etwas gegen meine sportliche Ehre, aber ich tröste mich damit, dass Karl May sicher auch öfter zwischen Hohenstein-Ernstthal und Dresden mit dem Zug gefahren war, also bleibe ich auf den Schienen auf jeden Fall auf seinen Spuren.
Fahrkarten gibt es nur aus einem Automaten. Ich habe kein passendes Kleingeld dabei, also steige ich erst einmal die Straße in Richtung Innenstadt hoch; es ist wieder so steil, dass ich mein Rad schieben muss. In einer Bäckerei kaufe ich mir ein Stück Kuchen und lasse Geld wechseln. Vor der Bäckerei parke ich das Fahrrad,

schließe es an und gehe zu Fuß weiter. Das ist besser bei den steilen Hügeln, auf denen die Stadt gebaut ist. Um das Karl-May-Haus zu finden, studiere ich den Stadtplan auf dem Altmarkt. Ich fotografiere den Plan mit meiner Digitalkamera ab, um ihn weiter zu meiner Orientierung nutzen zu können. So finde ich ohne Probleme zum kleinen, zwischen anderen Häusern eingezwängten Karl-May-Haus, natürlich in der „Karl-May-Straße" gelegen. In diesem Haus wurde Karl May am 25. Februar 1842 geboren als Sohn eines armen Webers. Nachdem ich es fotografiert habe, trete ich ein. Bei einer freundlichen Frau bezahle ich den Eintritt und mein Rundgang durch das Haus beginnt. Zunächst steige ich auf einer schmalen Treppe in den Keller hinunter. Dort ist ein Bergwerksstollen nachgebaut mit lebensgroßen Bergarbeiter-Figuren. Im ersten Stock sind verschiedene Ausgaben der Karl-May-Bände ausgestellt, auch die Zeitschriften, in denen Karl May Beiträge veröffentlicht hatte, sowie Briefe, die er an seine Fans schrieb. Eine Postkarte lässt mich schmunzeln. Ein Karl-May-Leser schrieb sie an „Hadschi Halef Omar, Arabien". Die Postkarte kam mit Stempeln aus Paris und Suez versehen zurück mit dem Vermerk „unbekannt". Karl May schrieb über seine Traumwelten und seine Helden so wirklichkeitsgetreu als gäbe es sie wirklich. Der Leser muss wohl sehr enttäuscht gewesen sein, als er las, dass sein berühmter Held offiziell unbekannt war.

In einer weiteren ausgestellten Postkarte bestärkt Karl May eine Leserin seiner Bücher in dem Glauben, Winnetou habe tatsächlich gelebt, indem er ihr die genauen Lebensdaten Winnetous mitteilt und dazu kommentiert: „Er war noch herrlicher als ich ihn beschreiben kann."

Das Geburtshaus Karl Mays in Hohenstein-Ernstthal

Im nächsten Stockwerk befinde ich mich in einem Raum, der als Wohn- und Arbeitsraum zur Zeit Karl Mays gestaltet ist. Den meisten Platz beansprucht ein großer Webstuhl, an dem der Weber in Heimarbeit ein

Werkstück fertigt. Seine Frau sitzt neben ihrem Baby, das in einer Wiege liegt. Auch hier sind die Personen lebensgroße Puppen. So ungefähr muss es im Haus eines armen Webers in einem sächsischen Dorf ausgesehen haben wie es Karl May in seinem Buch „Das Buschgespenst" beschreibt. Die Frau, die den Eintritt kassiert hatte, steht als lebende Figur am offenen Fenster und gießt die Geranien, die außen in den Blumenkästen blühen. So bekommt das gestellte Bild mit starren Figuren ein Stück Lebendigkeit.
Noch lebendiger wird es, als die Frau anfängt zu erzählen, über Karl May natürlich: Zur DDR-Zeit sei Karl May ein ungeliebter Schriftsteller gewesen, weil auch Adolf Hitler Karl May gelesen habe. Außerdem sei das Religiöse in den Schriften Karl Mays den Sozialisten ein Dorn im Auge gewesen. Trotzdem hätte es viele Karl-May-Anhänger in der DDR-Bevölkerung gegeben, weil es eine Sehnsucht danach gegeben hätte, von den Ländern des Westens zu erfahren. Heute, sagt sie, würde die Jugend nur noch wenig Karl May lesen, was daran läge, dass die jungen Leute im allgemeinen kaum lesen würden. DVDs anschauen spiele eine viel größere Rolle als Bücher lesen.
Das mit der allgemeinen Unlust zu lesen bestätige ich aus meiner eigenen Erfahrung im Religionsunterricht an der Schule: Wenn ich Schülern eine voll beschriebene DIN-A-4-Seite zu lesen gebe, beobachte ich, wie bei vielen Schülern automatisch ein Anti-Lese-Mechanismus in Gang gesetzt wird und sie in eine apathische Haltung verfallen.
Später kommt auch der Ehemann der Museumsfrau und beeindruckt mich durch sein umfassendes Wissen über Karl May und seine Literatur. Er erzählt mir von der demnächst herauskommenden textkritischen Ausgabe

einiger Karl-May-Bände. Karl May ist also immer noch Forschungsobjekt von Literaturwissenschaftlern.
Ich verabschiede mich, nachdem ich noch einige Worte in das Gästebuch geschrieben habe, hole mein Rad und fahre zum Bahnhof.
Als ich meine Karte aus dem Automaten gezogen habe, fragt mich ein junger Mann, ob er mir helfen könne, mein Rad die Treppen hinunter und hinauf zu tragen, denn ich muss auf das andere Gleis. Ich freue mich über das Angebot und gebe ihm das Zelt und die Luftmatratze zu tragen. Jetzt kann ich mein Rad gut über die Treppen schleppen.
Auf der fast zweistündigen Fahrt nach Dresden in der Regionalbahn fallen mir vor Müdigkeit fast die Augen zu. Hin und wieder schaue ich aus dem Fenster und sehe die typische Landschaft an mir vorbeiziehen: „Rolling Prairie", lauter kleine, steile Hügel. Wie gut, dass ich mich entschieden habe, die letzte Etappe mit dem Zug zu fahren!
Vom Dresdener Hauptbahnhof aus muss ich zum Campingplatz im Stadtteil Mockritz natürlich erst einmal ziemlich steil hochfahren. Ganz Dresden scheint auf ein Stück „Rolling Prairie" gebaut zu sein. Auf dem Campingplatz angekommen schlage ich schnell mein Zelt auf, lege mein Gepäck hinein und kehre mit dem Bus zum Hauptbahnhof zurück; von dort nehme ich den nächsten Zug nach Radebeul.
Das Karl-May-Museum ist nicht weit vom Bahnhof Radebeul-Ost entfernt. Die Villa Shatterhand, das ehemalige Wohnhaus Karl Mays und jetzige Museum, unterscheidet sich von außen kaum von den anderen Villen in dieser Straße, die jetzt bezeichnenderweise „Karl-May-Straße" heißt. Indianische Trommelmusik klingt hinter dem Haus hervor. Ich folge den Trommelschlä-

gen in den Garten. Als Indianer verkleidete Männer und Frauen tanzen einen Indianertanz. Heute findet hier ein Indianer-Kinderfest statt, lese ich auf Plakaten. Viele Kinder sind da mit ihren Eltern und beobachten fasziniert den Tanz der mit Federn geschmückten „Indianer". Beim nächsten Tanz dürfen die Kinder und Eltern sogar mitmachen.

Indianer-Kinderfest im Garten der Villa Shatterhand

In der Villa Shatterhand stehen in einer Glasvitrine die drei aus den Büchern Karl Mays bekannten, berühmten Gewehre: Die Silberbüchse Winnetous, der schwere Bärentöter und der Henrystutzen Old Shatterhands, das „Zaubergewehr" mit 25 Schuss, so eine Art Vorläufer des Maschinengewehrs.
Der Henrystutzen sollte nach Meinung Karl Mays, die er dem Büchsenmacher Henry in den Mund legt, nicht in Serie hergestellt werden, um die Indianervölker nicht vernichten zu können. Karl May beschreibt, dass Henry nur zwölf Stück baute und sie allein an verantwortungsvolle Westmänner verkaufte. Elf seien mit den Besitzern verschwunden, das letzte sei in Händen von Old Shatterhand, der es nur zu dem Zweck benutze, sich Eindruck zu verschaffen und zur Verteidigung im Notfall.
Das Arbeitszimmer und das Wohnzimmer von Karl May sind zu sehen; die Möbel hat der Staat Sachsen aus dem Nachlass Mays für viel Geld aus Bamberg zurückkaufen müssen.
Hinter der Villa Shatterhand steht auf demselben Grundstück die Villa Bärenfett. Ich gehe hinein, um mir die Ausstellung über das Leben der Indianer anzusehen. Die Lebensweise und die Kleidung verschiedener Stämme aus Nord- und Südamerika werden in Ausstellungsstücken, Figuren und Bildern gezeigt. Die Ausstellung ist liebevoll gestaltet; sie wirkt wissenschaftlich fundiert und aktuell und gar nicht alt und verstaubt. Das dunkle Thema der blutigen Bekämpfung der Indianer durch die europäischen Siedler ist nicht ausgespart. Karl May hat sich in seinen Romanen und Reiseerzählungen für die Indianer stark gemacht und sich für ihre Lebensberechtigung eingesetzt. Die Ausstellung zitiert folgende Worte Karl Mays aus seinem Roman Winnetou I, 1893

geschrieben: „Wenn es richtig ist, dass alles, was lebt, zum Leben berechtigt ist und dies sich ebenso auf die Gesamtheit wie auf das Einzelwesen bezieht, so besitzt der Rote das Recht zu existieren nicht weniger als der Weiße und darf wohl Anspruch erheben auf die Befugnis, sich in sozialer, in staatlicher Beziehung nach seiner Individualität zu entwickeln." Fortschrittliche Worte, die auch heute noch ihre Berechtigung haben. Ersetzt man die Worte „der Rote" und „der Weiße" mit anderen Begriffen, zum Beispiel Behinderte und Nichtbehinderte, Ausländer und Deutsche, Männer und Frauen, Jugendliche und Erwachsene, so geht es um die Würde des Menschen überhaupt, um das Menschenrecht, dass jeder Mensch eine Würde hat, die unantastbar ist und nicht zerstört werden darf.
Zurück am Bahnhof ziehe ich mir einen Fahrschein für die Rückfahrt nach Dresden. Bis mein Zug kommt, bewundere ich die zischende Dampflok der Lößnitzgrund-Bahn, einer Schmalspurbahn, die in wenigen Minuten nach Moritzburg fahren soll. An die Lok sind mehrere historische Personenwagen angehängt. Pfeifend, dampfend, zischend, stampfend, zunächst noch träge, setzt sich die alte Lokomotive in Gang, findet mehr und mehr in einen regelmäßigen Takt und verlässt den Bahnhof; die Waggons schlängeln sich hinterher. Ich blicke ihr etwas wehmütig nach. Ich wäre gerne mitgefahren. Das werde ich auf jeden Fall nachholen, wenn ich mal wieder in Dresden sein sollte.
Mein Zug nach Dresden kommt, hält und ich steige ein. Schon kurz nach der Abfahrt geht eine Kontrolleurin durch den Wagen und fragt auch nach meiner Fahrkarte. Ich zeige sie ihr. „Kommen Sie mal bitte mit!", fordert sie mich auf. „Was ist los? Stimmt etwas nicht?" „Kommen Sie bitte mit!" wiederholt sie nachdrücklicher

mit ernster Miene. Ich folge ihr in die erste Klasse. „Ich müsste jetzt 40 Euro Bußgeld von Ihnen fordern", sagt sie. Mir wird ganz heiß, aber ich habe ein absolut gutes Gewissen, denn ich habe mein Ticket ja bezahlt. „Sie haben Ihre Fahrkarte nicht entwertet", klärt sie mich auf. „Ach so, das wusste ich nicht", entgegne ich mit einem wirklich echt unschuldigen Blick. Tatsächlich, da steht es auf dem Ticket, ziemlich klein gedruckt: „Gültig 1,5 Stunden nach Entwertung." Ich schaue mich, auf der Suche nach einem Entwerter, um. „Ich sehe hier keinen Entwerter", sage ich. „Der steht auf dem Bahnhof. Entwerten Sie bitte gleich, wenn Sie ankommen, dann lasse ich es gut sein." Ich fühle mich erlöst, aber immer noch etwas verwirrt. „Aus welcher Gegend sind Sie?", erkundigt sie sich. „Ich komme aus der Gegend von Frankfurt. Da gibt es keine Entwerter", antworte ich. „Das ist der Bereich vom RMV." Sie kennt sich aus, ich bin beeindruckt.

Als ich in Dresden aussteige, entwerte ich natürlich sofort meinen Fahrschein im nächsten Entwerter, den ich entdecke. In Zukunft werde ich in fremden Städten immer nach Fahrscheinentwertern fragen, nehme ich mir vor.

Beim Bummeln durch die Stadt kommt mir eine Schar fröhlicher junger Frauen entgegen, alle grellbunt gekleidet und geschminkt. Eine hat eine große Tasche vor dem Bauch hängen. Die Frauen sprechen mich an und bieten mir Sachen zum Kauf an. Sie stellen mir die Frau mit der Tasche vor, indem sie sagen: „Sie muss heiraten." „Muss?", frage ich. „Ich will!", sagt sie überzeugt und lächelt glücklich. „Und wo ist Ihr Verlobter?" erkundige ich mich. „Der ist mit seinen Freunden unterwegs und feiert Junggesellenabschied." Dann weist sie auf ihre Tasche und fordert mich auf: „Sie können sich was aussuchen; den Preis bestimmen Sie selbst.” Ein Eierbecher mit einem witzigen Gesicht drauf guckt mich herausfordernd an; ich nehme ihn heraus und prüfe, ihn in der Hand wiegend, sein Gewicht. Ich lege ihn wieder in die Tasche zurück. Darin befinden sich noch Kondome; ein Porzellanengel lächelt mir zu. Kondome brauche ich nicht, der Porzellanengel macht mir mein Reisegepäck wieder ein ganzes Stück schwerer, das will ich vermeiden. Zwischen den Kondomen entdecke ich noch kleine knallbunte Wasserpistolen und ich entscheide mich für eine davon; sie ist aus Plastik und sehr leicht. Ich gebe drei Euro dafür und die Frauen freuen sich über den großzügigen Betrag. „Sie dürfen die Braut küssen”, laden sie mich ein. Die Braut hat als Markierung für das Aufdrücken eines Kusses auf jede Wange ein rotes Herz gemalt. Ich nehme eins dieser Herzen in meinen Blick. „Aber Vorsicht, das ist etwas pieksig”, warne ich mit dem Hinweis auf meinen Bart. „Das macht nichts”, zerstreut sie meine Zurückhaltung. Schnell setze ich einen flüchtigen Kuss auf die linke Wange der Braut und die Freundinnen applaudieren. Mir fällt da ein, dass ich schon vorher auf dem Neumarkt eine Gruppe junger Männer gesehen hatte, die Warnwesten mit der Aufschrift „Team Achim” trugen. Da war auch einer mit einem Bauchladen dabei. Ich erzähle das den Frauen. „Das ist nicht meiner”, stellt die Braut fest. Eine Freundin meint: „Schnell, da gehen wir hin!” „Suchen denn einige von Ihnen noch einen Mann?” frage ich. „Ja!” tönt es sehnsuchtsvoll aus etlichen Frauenkehlen. Wir verabschieden uns und ich rufe der Braut noch zu: „Bleibt schön lange zusammen!” „Ja”, ruft sie zurück, „wir heiraten kirchlich.” Als wenn das eine Garantie wäre, denke ich bei mir selbst, als die Frauen fröhlich weiterziehen. Der Trausegen ist keine

Garantie, ist kein geheimnisvolles Zaubermittel gegen Ehekrisen. So einige Paare, denen ich den Segen Gottes für ihre Ehe zugesprochen hatte, sind wieder geschieden. Aber der Segen Gottes ist doch eine Ermutigung, sich zu bemühen, einander immer wieder neu die Liebe zu zeigen und Konflikte nicht zu umgehen, sondern sie anzugehen und sich dabei auch nicht zu scheuen, die Hilfe anderer in Anspruch zu nehmen. Ich vergleiche den Segen Gottes gern mit einem Regenschirm. Man hat ihn, aber man muss ihn auch aufspannen, wenn es regnet.

Sonntag, 8. Juni - Endlich am Silbersee

Um 11 Uhr soll der Gottesdienst in der Frauenkirche beginnen. Ich bin schon eine halbe Stunde vorher da. Am Eingang verteilen Helfer ein Faltblatt mit dem Gottesdienstablauf und den Liedern, die gesungen werden. Ich lasse mir eins in die Hand geben und betrete die Kirche. Ich bin beeindruckt von dem großen hellen Raum und der hohen Kuppel. Alles ist hell, von allen Seiten kommt Licht in das runde Kirchenschiff. Ich suche nach einem freien Platz in einer Bank. Viele Plätze sind nicht mehr frei. Ich entdecke einen hinten links und schiebe mich durch die Reihen dorthin. Wie ich aus dem Programmblatt erfahre, gestaltet der Dresdner Knabenchor den Gottesdienst mit. Neben mir sitzt ein Mann in etwa meinem Alter mit seiner Mutter. Wir fangen ein Gespräch an und ich erfahre, dass sie auch aus Hessen kommen, aus Bad Homburg. „Es ist ungewöhnlich, dass die Orgel hier über dem Altar angebracht ist und nicht hinten steht, wie ich es sonst kenne", meint der Mann. „Meistens beobachte ich das auch so", bestä-

tige ich, „ich kenne nur wenige andere Kirchen, in denen die Orgel über Altar und Kanzel steht. Vielleicht soll dadurch deutlich werden, dass die Musik die Verkündigung von der Kanzel her unterstreicht, die Musik also selbst ein Teil der Verkündigung ist." Die alte Frau meint, ich solle unbedingt, wenn ich mal nach Bad Homburg kommen sollte, die alte Stadtkirche dort besuchen. Sie sei sehr schön. Ja, die Heimatkirche ist wohl immer die schönste, denke ich, denn viele wichtige Lebensdaten und Erinnerungen hängen an der Kirche, in der man getauft, konfirmiert und getraut wurde, wo Verstorbenen im Fürbittengebet gedacht wurde und auch die eigenen Kinder die kirchlichen Segenshandlungen bekamen. Im Gespräch über das Woher und Wohin kommen wir auch auf meine Radtour zu sprechen. Ich erzähle, dass ich mit dem Rad auf den Spuren Karl Mays unterwegs bin. „Ich habe als Junge auch Karl May gelesen, zwei oder drei Bände", sagt ihr Sohn. „Als 15- und 16-Jähriger habe ich Karl May verschlungen", erzähle ich, „vielleicht 20 bis 30 Bände gelesen. Dann nicht mehr. Erst jetzt habe ich wieder angefangen, Karl May zu lesen. Damals las ich ihn, weil seine Erzählungen einfach nur spannend waren, jetzt setze ich mich mit der dahinter stehenden Philosophie auseinander." „Philosophie?", fragt der Mann ungläubig. Für ihn ist Karl May wohl nur bloße Unterhaltung in der Jugendzeit geblieben. Das Orgelvorspiel beginnt, der Gottesdienst fängt an und unterbricht das Gespräch in der Kirchenbank.
Der Pfarrer predigt über das Sprichwort aus Hesekiel 18, Vers 2: „Die Väter haben saure Trauben gegessen, aber den Kindern sind die Zähne davon stumpf geworden." Er sagt, jede Generation sei für sich selbst und für die nächste verantwortlich. Keine Generation könne die Verantwortung für ihre Fehler auf die Vorväter abschie-

ben, die natürlich auch manches falsch gemacht hätten. Wenn sich ein Sünder von seinem unrechten Verhalten bekehre, könne er am Leben bleiben, denn Gott bestrafe nicht, er wolle, dass die Sünder, die den Weg der Gerechtigkeit einschlagen, leben.
Mein Blick wandert nach oben und ich bewundere die bemalte Kuppel der Frauenkirche. In hellen Farben sitzen Engel auf Wolken; die Evangelisten erkenne ich, Jesus mit dem Kreuz und Maria mit dem Jesuskind, alles in himmlischer Glückseligkeit und Harmonie.
Nach dem Gottesdienst steige ich hinunter in die Unterkirche, einen Gewölberaum unter der eigentlichen Kirche. Hier wimmelt es von Chorknaben; sie ziehen sich um und unterhalten sich über Fußball.
Ich laufe zum Bahnhof, um meinen Zug nach Rathen zu nehmen. Mit dem Rad wäre es etwas knapp geworden, in fast zwei Stunden die 40 Kilometer zur Vorführung des „Schatz im Silbersee" zu schaffen. Auf den Gottesdienst in der Frauenkirche wollte ich auch nicht verzichten.
Als ich am Bahnsteig auf den Zug warte, ertönt folgende Durchsage durch die Bahnhofshalle: „Der Zug nach Königstein endet wegen eines Oberleitungsschadens in Pirna. Voraussichtlich können Sie eine halbe Stunde später mit der S-Bahn weiter fahren." Ich steige ein und hoffe, rechtzeitig nach Rathen zu kommen. In Pirna angekommen erfahren alle Fahrgäste, dass es keine weitere S-Bahn mehr geben werde, ein Ersatzbus würde zur Verfügung gestellt werden. Ich frage andere Mitfahrer, ob sie auch nach Rathen wollten und schlage vor, gemeinsam ein Taxi zu nehmen. Eine Frau sagt: „Nein, ich habe ja meine Fahrkarte nach Rathen bezahlt." Ein Ehepaar mit zwei Kindern und einem Opa befürwortet meinen Vorschlag, denn sie haben sich Karten für den

„Schatz im Silbersee" vorbestellt. Also suchen wir ein Taxi. Es ist aber weit und breit keins zu sehen. Zwei Taxiunternehmen, die der Vater per Handy anruft, melden zurück, dass sie nicht sofort jemanden schicken könnten. Die Zeit rennt davon. Ob wir es rechtzeitig schaffen, zu Beginn der Vorstellung da zu sein? Der versprochene Bus ist immer noch nicht da. Da kommt endlich ein Taxi. Es hat Platz für sechs Personen und wir steigen ein. In Rathen müssen wir noch auf die Fähre warten. Als wir endlich auf der anderen Seite der Elbe sind, ist es noch ein ordentliches Stück bergauf zu laufen und ich gerate ziemlich ins Schwitzen wie bei einem Dauerlauf. Kaum habe ich meinen Platz eingenommen, geht die Vorstellung auch schon los.

Menschen auf Pferden jagen über die Bühne, wilde Schießereien finden statt, dass es nur so knallt und von den Felsen, die die Bühne und die Zuschauertribüne umgeben, widerhallt. Die vielen Kinder unter den Zuschauern staunen über die Kräfte und Geschicklichkeit von Winnetou und Old Shatterhand und lachen über die lustigen Kerle Hobble-Frank, Lord Castlepool und Tante Droll, die eigentlich keine Tante, sondern ein Mann ist, der durch seine weite Kleidung zu seinem Spitznamen „Tante Droll" kam.

Der Autor des Theaterstückes, Olaf Hörbe, hat, „frei nach Karl May", aus der tapfer und still ergebenen jugendlichen Ellen Butler eine streitbare, kämpferische Frau gemacht, die sich nicht scheut, den Revolver in die Hand zu nehmen. Ihr wird vom Tonkawa-Häuptling „Großer Bär" die Verwaltung des Silbervorkommens anvertraut. Ihr Onkel, der Bergbauingenieur Butler, war durch den Überfall der Tramps ums Leben gekommen. Auch das ist anders als im Karl-May-Original. Dort wird Butler nicht getötet, sondern kann selbst die Arbeiten in

Angriff nehmen, natürlich erst dann, - und da stimmt Olaf Hörbe mit Karl May überein -, als die Weißen das Land mit den Silberminen den Indianern rechtsgültig abgekauft hatten.
Der eigentliche Schatz aber bleibt auf ewig im Silbersee versenkt. Hätten die Tramps, die ihm nachjagten, ihn bekommen, sie wären dadurch keine besseren Menschen geworden. Das Heiligtum der Tonkawas konnte heilig bleiben; es wurde nicht zerstört oder entweiht. Mit dem Heiligen darf man keine Geschäfte machen, dann verliert es seine Bedeutung. Der eigentliche Schatz besteht darin, Freunde zu haben und mit ihnen zusammen, beim Einsatz für Gerechtigkeit und Menschenwürde, Abenteuer zu erleben. Das haben die Bearbeitung von Olaf Hörbe und auch die Leistung der Schauspieler, im Sinne von Karl May, gut rübergebracht. Auch, dass eine streitbare Frau auftritt, finde ich, ist eine angemessene Weiterentwicklung der Karl-May-Abenteuer, denn in seinen Romanen spielen die Frauen eher eine untergeordnete Rolle; Hörbe passt das Geschehen gut an die heutige Zeit an, ohne der Intention Karl Mays Abbruch zu tun.
Um zurück nach Dresden zu gelangen, nehme ich den Dampfer „Meißen". Mich fasziniert die Dampfmaschine in der Mitte des Schiffes, die man vom Deck aus sehen kann. Unter rhythmischem Zischen sind zwei riesige blank geputzte Zylinder in Bewegung; sie stoßen die Kolbenstangen aus sich heraus und ziehen sie wieder in sich hinein, dabei drehen sie die große Querachse, welche die riesigen Schaufelräder das Wasser durchpflügen lässt, die das Schiff antreiben. Warme, nach Mineralöl riechende Luftschwaden schlagen mir ins Gesicht, wenn ich in die Nähe der Maschine komme. Ich gehe wieder nach draußen und sehe die Felsen des Elbsand-

steingebirges an mir vorüberziehen. Eine herrliche Kulisse wie schon am Silbersee der Rathener Bühne. Genauso stelle ich mir die Landschaft aus den Erzählungen Karl Mays vor. Ich träume, die Elbe wäre der Arkansas und die „Meißen" die „Dogfish". Es fehlt nur noch die Kiste mit dem schwarzen Panther darin.

Die Dampfmaschine im Innern der „Meißen"

Der Fahrtwind lässt mich mit der Zeit frösteln und ich suche immer öfter die Nähe der Dampfmaschine auf, um mich aufzuwärmen.

Anlegestelle der Elbe-Raddampfer

Auf ein Klingelzeichen hin reguliert der Maschinist die Geschwindigkeit oder lässt beim Anlegen an einer Haltestelle die Schaufelräder rückwärts laufen und dann anhalten. Faszinierende alte Technik, die schon seit

mehr als hundert Jahren in Funktion ist; im Jahr 1885 wurde die „Meißen" gebaut, wie ich einer Infotafel, die im Schiff angebracht ist, entnehme.
Wieder an Land suche ich ein Restaurant, denn inzwischen habe ich ziemlich Hunger bekommen. Ganz in der Nähe der Anlegestelle betrete ich ein Restaurant, das gleichzeitig ein Antiquitätenladen ist. Die Möbel kann man kaufen, an den Wänden stehen Vitrinen mit vielen alten Gegenständen, Vasen, Schmuck, Kerzenhalter aus Porzellan oder aus Messing, Geschirr, Figuren, ... Alte Gemälde schmücken die Wände. Viel zu sehen gibt es und ich komme kaum dazu, meine Suppe aus einem Brot zu löffeln.

Montag, 9. Juni - Heimreise und Heldenträume

Für die Rückfahrt nach Hause mit dem Zug habe ich das Online-Ticket schon dabei. Nach einem Frühstück im Hauptbahnhof besteige ich den Zug und eine lange und langweilige Fahrt beginnt. In den Fahrradabteilen, in denen ich neben meinem Fahrrad sitze, vertreibe ich mir die Zeit, indem ich mir die Helden Karl Mays vor Augen führe und über sie nachdenke: Männer, die zuversichtlich durchs Leben gehen, voller Vertrauen in ihre eigenen Fähigkeiten; Männer, die sich für Gerechtigkeit einsetzen, die den Frieden wollen und für die das Leben eines Menschen den höchsten Wert hat. Mit ihren Feinden gehen sie streng um, achten sie aber als Menschen, auf die sie nur in Notwehr schießen. Die Helden Karl Mays reagieren auf überraschende Gefahren spontan, gehen auf Schwierigkeiten aktiv zu, um gute Lösungen zu finden. Das tun sie überlegt und besonnen, ohne vor Problemen zu fliehen. Dabei haben

sie eine ganze Menge Humor. Ideale Persönlichkeiten, so will wohl jeder sein. Karl May, der unter seinen Schwächen litt, hat sich seine Sehnsucht danach, ein idealer Held zu sein, in seiner Traumwelt erfüllt, die er in seinen Büchern beschrieb und die für ihn Realitätscharakter hatte.
Wie bei Karl May die Helden mit ihren Feinden umgehen, das grenzt für mich allerdings oft an Hochmut und die Drohungen mit Strafen sind eher nicht dazu geeignet, dass ein Feind ermutigt wird, sein feindseliges oder zerstörerisches Verhalten zu ändern. Die Feinde werden klein gehalten durch Machtdemonstrationen, die die Überlegenheit der „Guten" verdeutlicht. Wenn es nicht die Zahl der Personen ist, die Überlegenheit zeigt, dann sind es die besseren Waffen und die besseren Nahkampftechniken. Die stärkste Waffe aber ist intelligente List, durch die die Helden unnötiges Blutvergießen vermeiden.
Dass ein „Böser" wirklich aus eigener Erkenntnis seinen vorigen Weg bereut und aus eigenem Willen umkehrt, findet sich bei Karl May eher selten. Ein schönes Beispiel von Umkehr allerdings ist die Erzählung „Auferstehung" aus dem Band „Der Löwe der Blutrache". Der biblischen Geschichte vom „verlorenen Sohn" nachempfunden erzählt Karl May vom Sohn eines reichen Geschäftsmannes aus Buenos Aires. Der Sohn bringt das Vermögen seines Vaters unrechtmäßig an sich und verprasst es. Sein schlechtes Gewissen wegen dieser Tat macht ihn zu einem unsteten und verbitterten Menschen. Zufällig trifft er im Amazonas-Urwald auf Old Shatterhand, in dieser Erzählung „El Sendador" genannt, durch den er zu seinem Vater zurückfindet, der aus Kummer um seinen „verlorenen Sohn" zu einem religiösen Einsiedler geworden war, der Jahrzehnte auf

die Rückkehr seines Sohnes wartete. Am Ostersonntag kommen Vater und Sohn wieder zusammen. Der Vater vergibt seinem Sohn und befreit ihn von seinem schlechten Gewissen.
Ich erinnere mich an meine Jugendzeit, als ich Karl May las, und denke darüber nach, welche Bedeutung Helden für Jugendliche wohl haben. Junge Menschen brauchen Helden oder, besser gesagt: Vorbilder. In einem Alter, in dem die eigenen Möglichkeiten noch gar nicht alle entdeckt oder entwickelt sind, sehnen sich junge Menschen danach, anerkannt zu werden von anderen, Erfolg zu haben in Kontakten zum anderen Geschlecht, in Freundschaften, die nicht zerbrechen und sie wollen sich wehren können gegen Beleidigungen und Angriffe. Sie wollen dabei über den Dingen stehen, also „cool" sein. Die Helden Karl Mays, die Helden der alten Sagen, die Helden der Bibel haben so einen Vorbildcharakter, der Jugendliche fasziniert, weil sie in ihnen die Fähigkeiten und Kräfte sehen, die sie sich für sich selbst wünschen. Deshalb sind heute auch Fernsehsendungen wie „Deutschland sucht den Superstar" so beliebt, weil sie zeigen, wie junge Menschen es schaffen, nach oben zu kommen, etwas leisten, so dass sie von vielen bewundert werden. Und sie müssen natürlich gut aussehen. Das sind die Helden von heute, denen junge Menschen nacheifern; bloß mir fehlt da noch etwas, denn gut aussehen und gut singen und tanzen können ist noch nicht alles. Es gehören zum wirklich glücklichen Leben nicht nur die Entwicklung des eigenen Ich, sondern auch die Entwicklung der Fähigkeiten, zum „Du" zu gelangen, sich anderen Menschen gegenüber zu öffnen, sie wahrzunehmen, sie zu akzeptieren wie sie sind, um dann ein „Wir" aufzubauen, eine Gemeinschaft, einen Freundeskreis, in dem einer für den anderen da ist und alle ei-

nander auf einem Stück Lebensweg begleiten, auf dem sie Freude und Glück finden möchten und sich auf dieser Suche gegenseitig unterstützen.
Helden haben zwei Seiten, eine reale und eine, die über die reale hinausweist, eine ideelle, erträumte Seite. Aus diesen beiden Seiten müssen Helden bestehen, sonst sind es keine Helden mehr. Eine Fantasiefigur ohne Bezug zur Realität kann für das wirkliche Leben keine hilfreichen Impulse geben; sie dient allenfalls dazu, der Wirklichkeit zu entfliehen. Ein Held dagegen, der nichts Übermenschliches hat, der nur in der Realität existiert, kann keine Träume wecken, keine neuen Horizonte aufzeigen.
Wirkliche Helden sind für mich Menschen, die sich in unserer Welt unbeirrt für Gerechtigkeit einsetzen. Martin Luther King zum Beispiel, der sich an Jesus orientierte und für die Gleichberechtigung weißer und schwarzer Menschen in Nordamerika kämpfte, ohne Gewalt anzuwenden, ist für mich so ein Vorbild. Er setzte konsequent das Gebot Jesu der Liebe zum Feind um und achtete selbst die Menschen, die ihn hassten. Dass er langfristig eine Menge bewegt hat, dessen Folgen bis heute anhalten, zeigt sich mir auch darin, dass die Bürger der USA einen Schwarzen, Barack Obama, zum Präsidenten gewählt hatten.
Nicht nur besonders starke, begabte und berühmte Menschen können Helden sein. Auch ganz einfache Leute können sich heldenhaft verhalten. In der Schule in Rodenbach bilde ich Streitlotsen aus. Schüler lernen, wie sie streitenden Schülern helfen, dass diese ihren Streit selbst lösen können, so, dass beide daraus gewinnen und keiner als Opfer zurückbleibt, sondern beide als Sieger daraus hervorgehen. Die Schüler, die es gelernt haben, so Streit zu schlichten, sind für mich „All-

tagshelden". „Alltagshelden" sind auch die Schüler, die lieber zu den Streitlotsen gehen als sich zu schlagen oder einem Streit ganz aus dem Weg zu gehen.

Alltagshelden auf meiner Radtour nach Dresden gab es ja auch:

Der Heimleiter des „Hauses am Knock" wegen seiner Gastfreundschaft, dem es gelingt, aus dem Haus, das ihm anvertraut ist, eine Stätte zu machen, die Freundlichkeit und menschliche Wärme ausstrahlt.

Die Frau, die mich eine Strecke Weges nach Gera begleitete. Sie setzte sich verantwortungsvoll für ihre Familie ein und sie war aktiv im Umweltschutz und sagte mutig ihre Meinung.

Der Lastwagenfahrer, dem es nicht egal war, dass ein Radfahrer sein Gepäck verlor und mich auf meinen Verlust hinwies.

Der junge Mann auf dem Bahnhof von Hohenstein-Ernstthal, der mir half, mein Gepäck die Treppen hinab- und hinaufzutragen.

Der Mann, der seine alte Mutter auf einer Reise begleitete und dazu beitrug, ihren Lebensabend zu verschönern.

Die Schaffnerin im Zug von Radebeul nach Dresden, die sich nicht nur stur an ihre Bestimmungen hielt, sondern auch mitmenschlich dachte und sich in meine Situation hineinversetzen konnte.

Die Braut, die vor ihrer Hochzeit mit ihren Freundinnen feierte, weil sie es wagte, ihr Leben auf die Gemeinschaft mit einem Mann aufzubauen, dem sie eine treue Partnerin sein will.

Der Familienvater, der sich auf dem Weg im Taxi mit mir als fremdem Menschen zusammentat, um seiner Familie und mir die Freude durch den Besuch des Karl-May-Theaters zu ermöglichen.

Was hat diese Menschen zu Alltagshelden gemacht? Hatten sie Vorbilder? Große berühmte Vorbilder, denen sie nacheifern wollten oder waren es die einfachen Menschen aus der Nachbarschaft oder der Familie, die Eindruck machten und einen Menschen prägten? Oder sind es einfach innere Qualitäten, die sich im Laufe eines Lebens in einer Person entwickeln?
Die lange Zugfahrt vergeht wie im Fluge durch das Aufschreiben meiner Gedanken, Träume und Erinnerungen an die Erlebnisse der vergangenen Tage.

1000 Kilometer
Dämme, Dünen, Deiche
den Niederrhein und die Nordseeküste entlang

Montag, 31. Mai - Pfützen, Schlamm und nichts los in der Drosselgasse

In den letzten Tagen habe ich sehr oft in den Wetterbericht im Internet geschaut. Es hat viel geregnet und war sehr kühl im Mai dieses Jahres. Wird das Wetter besser für meine Radtour? Für heute wurde noch viel Regen angesagt; ab morgen soll die Sonne scheinen. Mal sehen. Der Morgen beginnt mit schweren dunklen Wolken. Das Thermometer zeigt neun Grad an. Ich starte meine Reise im warmen Trainingsanzug. Schon in Erlensee fängt es an zu regnen und ich ziehe das Cape über. Wie unter einem kleinen Zelt fahre ich einigermaßen trocken, nur die Füße werden nass und das Cape bietet dem Wind, der von vorn bläst eine breite Angriffsfläche. Er weht nicht sehr kräftig, aber das Cape erhöht seine Möglichkeiten, mir Widerstand entgegenzusetzen. Meine Füße fangen an, sich kalt anzufühlen und ich streife noch die wasserdichten Gamaschen über die Schuhe.
Am frühen Nachmittag hört endlich der Regen auf und manchmal findet für einige Sekunden sogar ein Sonnenstrahl ein Loch in der Wolkendecke. Die Kälte lässt nach, so dass ich weiterfahre mit kurzer Hose und kurzärmeligem Trikot.
Ich fahre auf dem geschotterten Leinweg am Ufer des Rheins Slalom um die vielen Pfützen herum, um einigermaßen trockene Füße zu behalten. Ein älterer Fuß-

gänger kommt mir entgegen und warnt mich: „Da hinten ist alles verschlammt, da kommen Sie nicht durch!"
Ich fahre stur weiter; ich kehre nicht gerne auf einem schon eingeschlagenen Weg wieder um. Wer weiß, was für diesen Mann als Schlamm gilt, das für mich vielleicht gar nicht so schlimm aussieht. Stand da nicht vorhin ein Schild am Weg, auf dem ich las „Leinweg nicht befahrbar. Radweg neben der Kreisstraße benutzen"? Ich hatte es ignoriert.
Der Weg ist nass, voller Pfützen, daran habe ich mich inzwischen gewöhnt, aber dann wird es wirklich sehr schlammig. Ich gelange auf eine Baustelle. Lastwagen und Baumaschinen haben den Weg vollkommen zu Brei zerfahren. Der Radweg dahinter ist zu einem tiefen Graben ausgebaggert und mit einer weißen Kunststoffplane bedeckt. In der Mitte des Weges ist auf der Plane ein dickes Kabel verlegt. Über diese Plastikplane könnte ich mein Rad schieben, denke ich, ich muss nur noch über den Schlamm dorthin gelangen. Ich finde einen Pfad, der den dicksten Schlamm umgeht. Über die Plane kann ich das Rad schieben, an Fahren ist nicht zu denken. Ich muss das Rad immer wieder über einige Rollen noch nicht ausgelegter Plane tragen, manchmal auch über das dicke Kabel. Dann wird es eng; ich muss das Rad durch einen engen Spalt zwischen einem Bagger und der ausgebaggerten Kante, die ungefähr einen Meter hoch ist, schieben. Ich komme gerade so hindurch. Ein Arbeiter schaufelt einsam am Weg herum und ich frage ihn, wann die Baustelle zu Ende ist. „Nach 400 Metern können Sie wieder normal weiterfahren", macht er mir Hoffnung. Nach einer Kurve steht vor mir ein Raupenfahrzeug, das die ganze Breite des tiefer gelegten Weges einnimmt. Um daran vorbeizukommen bleibt mir nichts anderes übrig, als das Rad die Kante hoch zu

wuchten, um es dann irgendwie durch fast undurchdringlich erscheinendes Unterholz an dem Fahrzeug vorbei zu schieben. Ich rutsche auf der weißen Folie aus und das Rad fällt zurück, ich springe mit und finde mit meinen Füßen Halt. Beim zweiten Versuch klappt es und ich bugsiere mein Rad durch dichtes Gebüsch, über ein Gewirr von herabgefallenen Ästen, es bleibt mit dem Gepäck an einem Zweig hängen, ein Stück Holz verkantet sich an einem Pedal; das Gepäck hinten ist zu breit, um zwischen zwei Bäumen hindurch zu kommen; nach einigem Hin- und Herdrücken rutscht es durch; da hängt eine vordere Gepäcktasche an einem Baumstamm fest. Schließlich gelange ich doch noch vor dem Raupenfahrzeug wieder auf den Weg. Die Arbeiter, die in der Maschine sitzen, würdigen mich keines Blickes. Wahrscheinlich denken sie über mich: „Selbst Schuld, wenn der nicht auf das Schild achtet."
Die 400 Meter müssten inzwischen längst vorbei sein; ja, da liegt auch keine Folie mehr, aber der schlammige Brei bedeckt jetzt die ganze Breite des Weges und Pfade zum Umgehen gibt es hier nicht. Ich laufe auf dem sehr schmalen Grasstreifen am Rand und schiebe mein Rad durch den Schlamm, der sich zwischen Reifen und Schutzbleche festsetzt und ab und zu wieder herunterfällt; er besteht zum Glück vor allem aus Sand. Ich muss mein Rad noch weit mehr als 400 Meter schieben, dann kann ich endlich anfangen, in halbwegs festgefahrenen und ausgetrockneten Reifenspuren von LKWs einigermaßen zu fahren. Schließlich ist der Leinweg wieder wie am Anfang: Pfützen laden zum Slalom fahren ein.
Vor Rüdesheim haben mehrere Kreuzfahrtschiffe am Ufer festgemacht, schwimmende Luxushotels in strahlendem Weiß. Der Rüdesheimer Campingplatz wird mein kurzzeitiges Zuhause und nachdem mein Zelt

steht und ich eingekauft und gegessen habe, mache ich mich auf den Weg, um durch die berühmte Drosselgasse zu spazieren. Nur wenigen Menschen begegne ich hier, sicher wegen des Regens. Die Senioren sind wohl schon auf die Schiffe zurückgegangen. In einem Weinlokal spielt eine Musikkapelle deutsche Volksmusik, die zum Tanzen einlädt. Es sind aber keine Gäste da, so kann niemand tanzen. Einige japanische Touristen unter Regenschirmen huschen vorbei.
In einem der zahlreichen Andenkenläden suche ich eine Ansichtskarte aus, die ich an die Daheimgebliebenen schreiben will. Welche Karte zeigt am besten das, was ich jetzt erlebe, um meinen Lieben einen Eindruck davon zu vermitteln? Ich entscheide mich für eine Karte, die eine Weihnachtskrippe auf dem Rüdesheimer Weihnachtsmarkt zeigt. Stille Nacht ist es ja heute wirklich hier, nur nicht so heilig wie auf dem Bild. Im Laden ticken, rufen, rasseln unzählige Kuckucksuhren. Egal, an welchem Touristenort in Deutschland man ist, Kuckucksuhren sind dort immer zu haben. Für japanische und nordamerikanische Touristen auf Deutschlandtrip gilt wohl: Deutschland ist gleich Kuckucksuhr. Ich selbst mag die traditionellen Kuckucksuhren aus dem Schwarzwald. Schon als Kind hat mich ihre Technik begeistert und ich habe eine auseinandergebaut, die meine Eltern mal gekauft hatten und die irgendwann nicht mehr ging. Dem Geheimnis der Entstehung des Kuckucksrufes auf die Spur zu kommen galt mein Hauptinteresse. Bald hatte ich die beiden Holzpfeifchen mit je einem winzigen Blasebalg gefunden. Die Deckelchen der Blasebälge werden durch Drähte angehoben und fallen dann zeitlich versetzt herunter; sie erzeugen einen Luftdruck; der in die Pfeifchen bläst: Kuck - Kuck!

„Hier ist ja nicht viel los“, bemerke ich gegenüber der Verkäuferin. „Heute Morgen und am Nachmittag war mehr Betrieb; vor allem Schulklassen waren unterwegs“, erklärt sie mir.
„Haben Sie zu Hause auch eine Kuckucksuhr hängen?“, frage ich. „Nein“, antwortet sie, „die würde ich mir nicht hinhängen; daheim will ich nicht noch an meine Arbeit erinnert werden; da muss ich für meine Kinder da sein.“
Im benachbarten Restaurant trinke ich einen Wein, der mit seinem fruchtigen Pfirsicharoma ein wenig Sonne auf meine Zunge zaubert und ich schreibe die Karte an meine Lieben. Durch fast menschenleere Gassen und durch leichten Regen laufe ich zurück zum Campingplatz.

Dienstag, 1. Juni - Ein Schutzengel am Geburtstag

Heute ist mein Geburtstag! Beim Aufwachen fällt es mir sofort ein. Die ersten Anrufe von Gratulanten kommen auf mein Handy, als ich gerade mein Frühstücksgeschirr spüle. Meine Frau Jutta ruft als erste an, dann mein Vater. Meine Schwester schreibt eine SMS.
Auf der Fähre nach Bingen begrüßt mich ein junger Rennradfahrer auf Englisch. Mit Blick auf den Triathlonlenker an seinem Rad frage ich ihn, ob er für Triathlon trainiere. „I'll wish it“, lautet seine Antwort und er erzählt, er käme aus Australien und verbringe einige Tage in Deutschland. Er sei diesen Morgen mit dem Rad von Mainz hergekommen und wolle nun auf der anderen Rheinseite wieder nach dort zurück. Nach dem Anlegen der Fähre fahren wir in entgegengesetzte Rich-

tungen, er rheinaufwärts „pushed by the wind" und ich rheinabwärts mit „headwind".
Die 106 Kilometer radeln von gestern machen sich in meinen Beinen bemerkbar: sie fühlen sich ziemlich schwer an. Ich überlege, ob ich heute nur bis zum Campingplatz in Koblenz fahre, das wären insgesamt etwa 70 Kilometer. Etwas weniger Strecke und mehr Ruhe würden meinen Beinen bestimmt guttun.
Der Weg ist bestens ausgeschildert und meist asphaltiert. Die Sonne scheint; gelegentlich ziehen Wolken auf, die sich bedrohlich zuziehen, aber nach der nächsten Kurve des Rheins lacht schon wieder die Sonne. Der Gegenwind bläst nur schwach und ich empfinde ihn nicht als besonders hinderlich. Ein schöner Tag zum Radeln!
Kurz vor Koblenz beginnt wieder ein Stück geschotterter Radweg, der durch ein Waldstück führt. Der Wald ist sehr dicht; wie durch einen grünen Tunnel rolle ich dahin. Plötzlich ein knackendes Geräusch links vor mir: Ein Baum löst sich aus dem Grün, neigt sich auf den Weg, ich ziehe unwillkürlich die Bremsgriffe an, das Rad bleibt stehen und der Baum kracht der Länge nach quer über den Weg, nur ungefähr zehn Zentimeter vor meinem Vorderrad. Es ist ein abgestorbener Baum, ohne Blätter und ohne Rinde, das blanke Holz hat die bleiche Farbe alter Knochen. Der Baum stand wohl schon lange wackelig und war gerade jetzt, in diesem Moment, „fällig". Er ist zwar nicht sehr dick, aber hätte ich das Knacken nicht gehört, das mich rechtzeitig zum Bremsen veranlasste, der Baum hätte mich wahrscheinlich doch vom Sattel gerissen, wäre er auf mich gefallen. Der Weg ist nun versperrt. Ich packe die oberen Äste des Baumes und zerre ihn an den linken Wegrand, damit ich weiterfahren kann. Erst langsam wird mir bewusst, in welch

einer Gefahr ich steckte und was alles hätte passieren können.
So eine Erfahrung nenne ich „Schutzengelerlebnis". Es war, als wäre eine Macht dagewesen, die mich beschützte. „Von guten Mächten wunderbar geborgen" beschreibt es Dietrich Bonhoeffer in seinem Lied. Ich kann von mehreren ähnlichen Erlebnissen erzählen, hier ein weiteres Beispiel: Vor zwei Jahren kam beim Rennradtraining auf einmal ein Auto von rechts - es hatte Vorfahrt, aber ich sah es nicht - und ich fuhr direkt darauf zu. Im Geiste sah ich es schon krachen. Aber es gelang mir, rechtzeitig unmittelbar vor dem Auto in einer scharfen Kurve nach links abzubiegen. Es war, als hätte mich jemand am Lenker genommen und geführt. Solche Erlebnisse machen mich dankbar und ich freue mich, dass ich - aus einer Gefahr gerettet - lebe und unversehrt bin!
Koblenz ist eine riesige Baustelle! Der Radweg am Rhein entlang ist gesperrt. Ich suche die Umleitungen durch die Stadt. Überall wird Erde bewegt, sind Bauzäune aufgestellt: Vorbereitungen für die Bundesgartenschau im nächsten Jahr.
In einem Straßencafé auf dem Marktplatz lasse ich mich verwöhnen. Es ist ja mein Geburtstag! Als Geburtstagskuchen genieße ich Apfeltorte mit Sahne, dazu eine große Tasse Kaffee. Danach fühle ich mich so gestärkt, dass ich mein Vorhaben, in Koblenz zu bleiben, aufgebe. Ich radle weiter.
Von Bad Breisig aus setze ich mit der Fähre nach Bad Hönningen über; auf dem dortigen Campingplatz bleibe ich. In der Kristall Rheinpark-Therme neben dem Campingplatz könnte ich mal so richtig im warmen Wasser entspannen, das würde meine Beine wieder fit machen. Zunächst einmal gehe ich in die Camping-Klause, ein

kroatisches Restaurant wenige Meter von meinem Zelt entfernt, zum Essen, um meinen Geburtstag weiter zu feiern. Natürlich habe ich einen riesigen Hunger, den ich erst einmal stillen muss. In der Camping-Klause lerne ich einen weiteren Gast kennen, mit dem ich mich angeregt unterhalte: Franz aus Augsburg, 50 Jahre alt, verheiratet, zwei Kinder im Alter von 20 und 18 Jahren. Er ist Marathonläufer und Radfahrer wie ich und will von hier aus mit dem Rad den Limes-Radweg in zehn Tagen bis nach Regensburg fahren. Es ist klar, dass wir jede Menge Gesprächsstoff haben bei so ähnlichen Interessen, so dass ich nicht spüre, wie schnell die Zeit vergeht und am Ende die Rheinpark-Therme schon geschlossen ist. Ein Verdauungsspaziergang durch den Ort führt mich durch einen winzigen Kurpark und den kleinen Kurort, dessen Straßen so gut wie menschenleer sind; die Kurgäste schlafen wohl schon; ich vermute, sie müssen morgen wieder früh aufstehen für ihre gesundheitsfördernden Anwendungen.

Mittwoch, 2. Juni - Kölsch und Glockenklang in Köln

Mit der Fähre setze ich wieder nach Bad Breisig über und folge dem Radweg am linken Ufer des Rheins. Die vielen kleinen Kurorte, die ich passiere, sind schon für die Kurgäste bereitet. Vor den Cafés stehen Tische und Stühle. Noch sind außer den Kellnern, die die letzten Stühle zurechtrücken, keine Menschen da, so dass ich mir zwischen den Tischgruppen den Weg bahne, ohne vom Rad steigen zu müssen.
Die Sonne wärmt, der Gegenwind erfrischt und kostet ziemlich Kraft heute.

An den Resten der Brücke von Remagen halte ich kurz an. Diese Brücke, erbaut zu militärischen Zwecken im Ersten Weltkrieg, wurde gegen Ende des Zweiten Weltkrieges, am 7. März 1945, von den alliierten Truppen eingenommen. Versuche der deutschen Wehrmacht, die Brücke rechtzeitig zu sprengen, schlugen fehl. So konnten die Alliierten eine große Anzahl von Soldaten und Kriegsmaterial auf die andere Rheinseite schaffen, solange, bis die Brücke zusammenbrach. Sie wurde nie wieder aufgebaut. Die übrig gebliebenen Brückentürme auf dem rechten und linken Rheinufer und einige Brückenpfeiler auf dem linken mahnen zum Frieden. Das ist auch die Aufgabe des „Friedensmuseums Brücke von Remagen“ im Brückenturm des linken Ufers. Ich schaue mir die Plaketten an den Mauern genauer an. Ein Bronzeschild, angebracht von den Veteranen der 9. Infanterie-Division der US-Army, erinnert an die militärische Nutzung der Brücke vom 8. bis 24. März 1945 und an den heldenhaften Mut, die Anstrengungen, Leiden und Opfer der damals beteiligten Soldaten.
Auf einem weißen Schild steht der ursprüngliche Name der Brücke zu lesen: „Ludendorff-Brücke Remagen“, darunter folgender Text: „Für den Krieg gebaut, im Krieg zerstört, sollen die Türme immer mahnen. Hier kämpften Soldaten zweier großer Nationen, hier starben Helden von hüben und drüben.“ Ob Menschen, die auf beiden Seiten gegeneinander kämpfen und sich töten, als Helden zu bezeichnen sind, bezweifle ich. Wirkliche Helden sind für mich eher die Soldaten, die Befehle zum Töten und zu unmenschlichen Taten verweigerten und dafür riskierten, in einem Standgericht erschossen zu werden.
Beim Warten auf die Fähre von Bad Godesberg nach Königswinter hole ich mir am Kiosk einen Kaffee und

setze mich auf eine Bank an einem Biergartentisch. Am Tisch sitzen noch zwei Frauen, die ich für Mutter und Tochter halte. Die Tochter ist etwa in meinem Alter. Die Mutter wirkt ziemlich verwirrt. „Sie ist dement", sagt die Jüngere zu mir, als ich die Frauen anschaue. Als würde sie meine Gedanken erraten, sagt sie: „Sie ist nicht meine Mutter, sie ist meine Tante. Ich besuche sie regelmäßig im Altenheim dort" und zeigt auf ein Gebäude am Uferweg.

Die Brücke von Remagen

Ich lausche noch eine Weile dem Gespräch zwischen Tante und Nichte. Meistens hört die Nichte zu, während die Tante Kindheitserlebnisse erzählt. Jetzt kommt die Fähre, ich verabschiede mich und lasse mich auf die andere Rheinseite nach Königswinter bringen.
Der weitere Weg führt mich über den Damm, der das Land vor dem Rheinhochwasser schützen soll. An vielen Stellen wird der Deich erhöht und Umleitungsschil-

der führen mich um die zum Teil weitläufigen Baustellen herum. Manchmal finde ich die Schilder nicht und muss mich durchfragen, bis ich wieder auf den Radweg komme.
Für eine kleine Mittagspause stelle ich meinen dreibeinigen Klapphocker am flachen Ufer auf. Vertieft in eine Zeitung bemerke ich die Wellen nicht, die von einem Schiff ausgelöst wurden, das schon längst vorbeigefahren ist. Auf einmal habe ich nasse Füße und rücke ein Stückchen höher auf das Ufer hinauf.
Wegen der vielen Umleitungen schaffe ich heute nur 71 Kilometer und bleibe auf dem Campingplatz kurz vor Köln. Nach dem Essen, ich habe mir Chili con Carne gekocht und dazu eine Flasche „Kölsch" getrunken, radle ich in die Stadt. Vor der Brücke, die über den Rhein direkt zum Dom führt, sitzt ein Mann und schläft. Vor sich hat er einen Kasten voller Vorhängeschlösser zum Verkauf stehen. Heute waren wohl wenige Liebespaare vorbeigekommen, um ihre Namen auf ein Schloss zu ritzen, es an dem Gitter der Brücke zu befestigen und den Schlüssel ins Wasser zu werfen. Als ich mein Rad über die Brücke schiebe, bin ich beeindruckt von den Tausenden von Schlössern, die am Metallzaun, der den Fußgängerweg von den Bahngleisen trennt, hängen, alles Zeichen von ewiger Liebe, die Menschen einander versprochen haben.
Als ich vor dem Dom stehe, fangen die Glocken hoch oben in den Türmen an zu läuten. Das Geläut beginnt mit einer Glocke, eine nach der anderen kommt hinzu, wie viele es schließlich sind, weiß ich nicht. Es klingt wie ein großes Konzert, die Töne der Glocken hallen in den Mauern der Türme wider, langsame, tiefklingende Schläge, ich spüre die Musik der Glocken in meinem Bauch. Der Dom wirkt wie ein riesiger Resonanzkörper

für das harmonische Zusammenspiel der vielen Glocken. Ihre Musik machen die Säulen, Bögen, Fenster und Verzierungen in Stein, filigrane Arbeit alter Steinmetze aus dem Mittelalter, hörbar. Jede Faser meines Körpers scheint mit den Glocken mitzuschwingen. Nicht nur ich, viele andere Menschen sind stehen geblieben und schauen ergriffen zu den Türmen hoch. Eine halbe Stunde etwa dauert das Glockenkonzert und ich komme dabei ins Nachdenken: Der Dom bezeugt, was Menschen Großartiges schaffen können. Sie wollten mit diesem Gotteshaus die Größe Gottes und seine Macht anschaubar machen und Menschen zur Ehre Gottes motivieren. Gott aber ist noch viel, viel größer. Kein Mensch kann ihn darstellen. Doch Menschen können von Gott nur reden, wenn sie sich Vorstellungen von ihm machen, in Wort und Bild, in Musik und Architektur. Letztlich zeugt die Kunst zur Ehre Gottes aber doch nur von der Größe des Menschen, von seinen handwerklichen und künstlerischen Fähigkeiten, von seiner Kraft der Fantasie. Gott kann dabei nicht erfasst werden, aber er kann Menschen erfassen, die aus dem Glauben an ihn heraus ihre Fähigkeiten entdecken, entwickeln und zum Einsatz bringen. Von allen Gottesgaben finde ich die am wertvollsten, die dazu beitragen, dass Menschen menschlich miteinander umgehen, dass sie einander achten und wertschätzen und in der Gemeinschaft füreinander da sind und sich gegenseitig zur Freude am Leben helfen.
Mein unstillbarer Durst nach der langen Anstrengung auf dem Rad treibt mich an einen Tisch draußen vor einer Gaststätte. Ich bestelle ein Bier; es heißt hier „Kölsch“ und wird in kleinen, zylinderförmigen Gläsern mit nur 0,2 Liter Inhalt serviert. Mmmm, das zischt! Das Rad fahren hat mich ausgetrocknet und nach so einer

Tour schmeckt das Bier am allerbesten. Das Kölsch schmeckt süffig und mild und steigt nicht sofort zu Kopfe, na ja das erste, das zweite merke ich schon. Das ist genug. Schließlich hatte ich zum Abendessen schon eine Halbliterflasche Kölsch getrunken.

Donnerstag, 3. Juni - Rheinkies und wo der Eber im Saal tanzt

Heute ist ein katholischer Feiertag, Fronleichnam. Ab ungefähr 10 Uhr komme ich mir vor wie bei dem Radlersonntag „Kinzigtal Total", wenn an einem Sonntag die Bundesstraße entlang der Kinzig für Autos gesperrt ist und nur Radfahrer und Inline-Skater darauf freie Fahrt haben.
Hier auf dem Radweg am Rhein sind heute total viele Radfahrer unterwegs, alte und junge, einzeln und zusammen in der Familie oder in anderen Gruppen. Und über allen wölbt sich ein strahlend blauer Himmel.
Menschen tanken Sonne an den Sandstränden von Düsseldorf und liegen im Sand auf ihren Tüchern oder baden im Wasser als wären sie am Strand der Nordsee.
Im kleinen Ort Himmelgeist, in dem es mehrere Möglichkeiten zur Weiterfahrt gibt, ich aber keinen Wegweiser entdecke, folge ich einfach dem Strom der meisten Radfahrer, die sind ja alle aus der Gegend von hier und werden den Weg wissen. Bald merke ich, dass dieser Weg eine Sackgasse ist und nur ans Wasser führt, an einen besonders großen Sandstrand, an dem sich unzählige Menschen tummeln. Zum Glück ist das Stück, das ich zurückfahren muss, nur kurz.
„Ziehst du um?", ruft mir ein entgegenkommender Radfahrer zu, auf mein vollbeladenes Rad anspielend.

Wir rauschen schnell aneinander vorbei, für eine Entgegnung ist keine Zeit; Schlagfertigkeit ist nicht meine Stärke. In Ruhe denke ich mir beim Weiterfahren eine passende Antwort aus, die ich vielleicht gegeben hätte: „Ja, ich ziehe jeden Tag um während meines Urlaubs, mit Gepäck, das auf ein Fahrrad passt, so, dass es sich noch einigermaßen bequem fahren lässt“. So macht mir Umzug Spaß. Ein richtiger Umzug dagegen, mit mehreren Möbelwagen, das ist einige Tage lang richtiger Stress, das habe ich mit meiner Familie schon einige Male durchgestanden.
Etwa um 14 Uhr bin ich der einzige Radfahrer, der noch in die Pedale tritt, die anderen stehen auf einmal, wie auf Kommando, alle am Wegrand und schauen in Richtung Westen zum Wasser des Rheins hin. Manche halten Ferngläser vor ihre Augen, andere haben ihre Fotoapparate gezückt. Was ist los? Ein Bootsrennen auf dem Fluss? Ich suche das Wasser ab, aber da tut sich nichts. Dann fällt mir auf, dass die Leute nach oben in die Luft sehen. Da entdecke ich es auch: Ein riesiges Flugzeug kommt angeflogen, das Fahrwerk ist schon ausgeklappt, es will auf dem Düsseldorfer Flughafen landen. Jetzt weiß ich Bescheid. Es ist die A 380, das größte Passagierflugzeug der Welt. Zur Begrüßung wackelt es hin und her, als würde es mit den Flügeln schlagen und fliegt direkt über mich hinweg. Wie ich später erfahre, soll die A 380 auf dem Düsseldorfer Flughafen die deutsche Fußball-National-Mannschaft an Bord nehmen, um sie zur Weltmeisterschaft nach Südafrika zu fliegen.
Kurz hinter Duisburg befindet sich eine Brücke, die mich laut Karte auf die linke Seite des Rheins bringen soll. Polizei hat die Brücke für Autos gesperrt, ich kann mit dem Fahrrad durchfahren. Auf der Brücke bietet sich mir ein Bild des Schreckens. Vor wenigen Minuten

muss sich hier ein furchtbarer Unfall ereignet haben. Mehrere Autos stehen kreuz und quer auf der Fahrbahn, völlig verbeult. Teile eines Motorrades liegen über die ganze Brücke verstreut. Ich möchte nicht wissen, wie der Fahrer aussieht, der auf dieser Maschine gesessen hatte. Rettungssanitäter schieben eine Trage in einen Krankenwagen. Ich fahre zügig auf dem Radweg links neben der Fahrbahn vorbei. Am Ende der Brücke erklärt ein Polizist einem Autofahrer, der über die Brücke fahren will, er müsse mit einer Sperrung von noch mindestens drei Stunden rechnen. Der Autofahrer macht kehrt, um sich einen Weg über eine andere Brücke zu suchen.

Auf der Weiterfahrt komme ich an mehreren großen Fabrikanlagen vorbei, die rechts und links des Rheins stehen. Sie sind nicht hässlich grau, sondern bunt bemalt. So fügen sie sich besser in die Landschaft ein und stören weniger. Mehr stört die Bewohner dieser Gegend der Abbau von Kies; auf Plakaten protestieren sie gegen die Veränderung der Landschaft durch große Firmen, die Kiesabbau betreiben.

Nach über 100 Kilometern Radeln fühle ich mich mit meinen Kräften ziemlich am Ende. Einen Campingplatz gibt es in der Nähe nicht, also frage ich in einem Gasthof in Orsoy nach einem Zimmer. Gerade kommt eine Gruppe Radfahrer an, die ihre Übernachtung vorbestellt hatten und die Zimmerschlüssel in Empfang nehmen. Für mich ist leider kein Zimmer mehr frei. Der Wirt ruft freundlicherweise im Gasthof des nächsten Ortes an und meldet mich dort an. Schließlich gelange ich aber in einen ganz anderen Ort, Eversael, und quartiere ich mich hier im Gasthof ein, in dem ich nicht angekündigt wurde. Aber ein hübsches kleines Zimmer mit hellblauen Möbeln ist für mich frei und wird mein Zuhause bis morgen früh. Unten in der Gaststube bestelle ich ein Schnitzel. Draußen im Garten sitzen weitere Gäste beim Bier und unterhalten sich. Einer von ihnen kommt zu mir herein und spricht mich an: „Setzen Sie sich doch nach dem Essen zu uns an den Tisch draußen, wenn Sie möchten! Hier treffen sich immer einige Leute aus dem Dorf und erzählen sich Geschichten". Gerne nehme ich die freundliche Einladung an und bestelle mein zweites Bier am Tisch auf dem Rasen; dort werde ich willkommen geheißen von einigen Männern und Frauen. Hier erfahre ich, dass Eversael „Ebersaal" ausgesprochen wird, „wo der Eber im Saal tanzt", erklärt ein junger Mann, damit ich eine Eselsbrücke habe und mir den Namen merken kann. Nach dem Austausch von Neuigkeiten aus Nachbarschaft und Verwandtschaft, bei denen ich mich nicht beteiligen kann, kommt das Gespräch auf die Natur, denn Mehlschwalben und Mauersegler, die dicht über unseren Köpfen nach Insekten jagen, ziehen unsere Aufmerksamkeit auf sich und tragen zum Themawechsel bei. Hier kann ich gut mitreden. Wir kommen auf die Nilgänse zu sprechen, denen ich in großer Zahl während meiner Reise begegnet bin. Ein Bauer aus dem Ort berichtet, wie sehr sich die aus Nordafrika stammende Nilgans in den letzten Jahren in Deutschland ausgebreitet hat. „Die Nilgans hat die Angewohnheit, die Gelege anderer Wasservögel zu zerstören, indem sie in deren Eier ein Loch hinein pickt. So sichert sie sich ihren Bestand und verdrängt andere Arten", weiß er.

Als es draußen kühl und dunkel wird, zieht sich ein übriggebliebenes Häuflein des Stammtisches in die Gaststätte zurück. Inzwischen haben die anderen schon so viel Bier getrunken, dass die Hemmungen fallen. Der Mann, der mich eingeladen hatte, sagt zu mir: „Ich heiße

Willi, sagen wir doch du". „Ich bin Henning", ein Handschlag und ich fühle mich noch mehr in die Gemeinschaft dieses Stammtisches aufgenommen. In vertrauter Atmosphäre erzählt Willi von dem Problem des Kiesabbaus im Rheintal. Den Abbau nenne man „auskiesen", in der Umgangssprache „schrubben". Willi führt ein Baugeschäft und ich merke, dass er sich mit Kies bestens auskennt. Er ist gegen die Auskiesung im großen Stil, weil dadurch die Landschaft für immer geschädigt würde.
„Unter dem Ackerboden im Tal des Niederrheins lagert eine dicke Schicht Kies", erklärt er. „Die Kiesschicht wirkt etwa so wie die Keramikkügelchen bei der Hydrokultur für Zimmerpflanzen. Bei starken Regenfällen führt die Kiesschicht das Wasser schnell ab; ein Entwässerungssystem ist nicht nötig. Bei längerer Trockenheit transportiert die Kiesschicht das Grundwasser nach oben. Deshalb ist auch eine künstliche Bewässerung nicht notwendig." Willi zeichnet mit einem Kugelschreiber eine Skizze auf einen kleinen Zettel, um mir die Funktionsweise des Kieses zu veranschaulichen. „Der Boden ist immer optimal befeuchtet, also sehr fruchtbar und ertragreich, besonders für den Anbau von Spargel geeignet. Durch die Auskiesung und anschließender Wiederauffüllung mit Ackerboden geht die Wasserregulierung durch den Kies verloren und die Böden geben weniger Erträge." Willi zeichnet auf sein Kiesbild den Kölner Dom, der sieht allerdings nicht wie ein Dom aus, mehr wie das „Haus vom Nikolaus". „Der Kölner Dom steht auf Kieseln. Dadurch, dass die Hohlräume zwischen den einzelnen Kieselsteinen durch Feinmaterial ausgefüllt sind, ist der Kies fest wie Beton. Wenn aber unterirdische Hohlräume geschaffen werden, wie beim Bau der Untergrundbahn, dann tritt Wasser aus und

nimmt das Feinmaterial mit. Dann kommen die Kiesel in Bewegung und bieten keinen festen Untergrund mehr“, referiert Willi und erinnert an den Einsturz des Kölner Stadtarchivs im Jahr 2009.
Die 120 Kilometer haben mich müde gemacht und das Bier tut sein Übriges, so dass ich mich verabschiede und hoch in mein Zimmer gehe, um im Schlaf neue Kräfte für den morgigen Tag zu sammeln.

Freitag, 4. Juni - Fahrrad pflegen und Schiffe zählen

Als ich um viertel nach sieben in den Gastraum komme, ist der Frühstückstisch für mich schon gedeckt vom Chef persönlich. Er setzt sich einen Moment zu mir und wir unterhalten uns über den Gasthof. „Seit etwa dem Jahr 1600 haben meine Vorfahren diese Gaststätte geführt”, erzählt er stolz. „Früher war auch noch Landwirtschaft dabei und wir haben selbst geschlachtet.“
Nachdem ich mein Rad im Hof gepackt habe, setzte ich meine Reise fort über die Deiche. Ich sehe, dass sie erst vor kurzem erhöht wurden, um dem Land noch besseren Schutz vor dem Hochwasser des Rheins zu bieten. Schutzmauern vor Dörfern nah am Ufer sind neu gebaut. Die Deiche werden durch die Beweidung von Schafen instandgehalten. So bleibt die Grasnarbe fest und zusammenhängend.
Nach 30 Kilometern Fahrt knackt es verdächtig im Tretlager meines Fahrrades. Das Knacken wird immer stärker und beunruhigt mich. Meine Füße fühlen aber keine Unregelmäßigkeit, kein Wackeln der Tretkurbeln, es läuft eigentlich alles rund, nur das Knacken zeigt, dass irgendetwas nicht in Ordnung ist. Ich halte an und un-

tersuche mein Rad. Das Tretlager hat etwas Spiel. Es ist wohl besser, jetzt die nächste Fahrradwerkstatt aufzusuchen. Meiner Karte nach muss die nächste Werkstatt in Rees sein. Rees liegt auf der anderen Seite des Rheins und ich setze über mit einer kleinen Fähre für Fußgänger und Radfahrer. Während der kurzen Überfahrt erklärt mir ein E-Bike-Fahrer, der sich in dieser Gegend auskennt, den Weg zum Fahrradgeschäft, das ich in der hübschen kleinen Stadt auch schnell finde. Ich frage die Verkäuferin nach einem Tretlager, aber der freundliche Fahrradmechaniker, der meinen Wunsch hört, meint, er wolle doch erst einmal mein Rad Probe fahren, um herauszufinden, ob wirklich das Tretlager kaputt sei. Obwohl der Laden voller Kunden ist, kümmert der Mechaniker sich erst um mich, steigt auf mein vollbepacktes Rad und fährt auf der Gasse ein Stück hin und her. „Es sind die Pedale“, meint er fachkundig und sucht mir in der Werkstatt ein Paar stabile - zwar gebrauchte aber gut erhaltene - Pedale aus, zum Sonderpreis von zehn Euro, und montiert die Pedale auch gleich. Dabei entdeckt er, dass die Kette meines Rades knochentrocken und rostig ist und empfiehlt mir dringend, sie so bald wie möglich zu ölen. „Kümmern Sie sich, wenn Sie mit dem Rad unterwegs sind, nicht nur um sich selbst, sondern auch um Ihr Rad“, ermahnt er mich. Mir ist das peinlich, dass jemand mich darauf anspricht, ich pflege mein Rad nicht richtig. Normalerweise kümmere ich mich sehr um mein Rad; es sieht immer gut gepflegt aus und man sieht ihm das Alter von 15 Jahren nicht an. Aber der Mann hat Recht. Während einer großen Radtour kümmere ich mich tatsächlich mehr um mich selbst und denke andauernd nur an Essen und Trinken, wie ich satt werde und meinen Durst lösche und wann ich anfange, nach einem Campingplatz

Ausschau zu halten, um in der Nacht gut schlafen zu können. Der Fahrradmechaniker meint zu mir: „Am liebsten würde ich mit Ihnen fahren, aber“, und er wendet den Kopf in Richtung auf die viele Kundschaft, die E-Bikes mieten möchten, Räder zur Reparatur bringen und Zubehör kaufen wollen, „ich muss arbeiten“.
Als ich weiterfahre, knackt es nicht mehr. Ich mache Pause auf dem Marktplatz und öle erst mal ausgiebig die Kette, lasse sie dann mehrmals durch den Lappen laufen, bis sie glänzt und kein Rost mehr zu sehen ist. Dann erst esse ich das frisch aufgebackene Käsebrötchen aus einer Bäckerei. Von Rees aus radle ich auf dem rechten Rheinufer weiter bis zu einer anderen Fähre, die mich wieder ans linke Rheinufer nach Greth bringt. Wo die Grenze zwischen der Bundesrepublik Deutschland und den Niederlanden den Deich kreuzt und ich drüberfahre, merke ich nicht und gelange nach Millingen aan de Rijn. Ein Stadtplan auf einer Informationstafel lässt mich den Campingplatz „Zeelandsche Hof“ finden; er liegt weit draußen vor der Stadt und ist ein Bauernhof mit Zeltwiese; zu den vier Zelten, die dort schon stehen, kommt noch meins dazu. Am Abend fahre ich zurück in die Stadt, immer noch scheint die Sonne sehr warm. Vor der Gaststätte „Grenspost“, das erste Haus von Millingen, an dem ich schon bei der Ankunft vorbeikam, sitzen viele Menschen draußen an Tischen und genießen den warmen Sommerabend. Ich finde einen freien Platz und bestelle ein Bier. Es heißt „Hertog Jan”, schmeckt ein wenig süß und sehr süffig, genau das Richtige, um meinen großen Durst zu stillen. Ich schaue auf das Wasser des Rheins und beobachte die Fluss-Frachtschiffe, die in einem regen Verkehr in beide Richtungen des hier sehr breiten Flusses tuckern. Es sind deutlich mehr Schiffe als bei Rüdesheim. Ich

schreibe auf, wann welches Schiff mit welcher Ladung in welche Richtung fährt:

20.09 Uhr: Lieferwagen, flussabwärts
20.10 Uhr: Kohle, flussaufwärts
20.15 Uhr: durch verschiebbare Abdeckungen verborgene Fracht, flussaufwärts
20.20 Uhr: Container, 3fach übereinander, flussabwärts
20.21 Uhr: Tankschiff, leer, flussabwärts
20.22 Uhr: Tankschiff, voll, flussaufwärts

Jetzt achte ich auch noch auf die Flaggen, die die Herkunft der Schiffe anzeigen.

20.26 Uhr: Tankschiff, leer, flussabwärts, Schweiz
20.26 Uhr: Tankschiff, leer, flussabwärts, Niederlande
20.29 Uhr: Tankschiff, leer, flussaufwärts,
Schweiz
20.35 Uhr: Tankschiff, voll, flussaufwärts, Deutschland
20.42 Uhr: Tankschiff, leer, flussaufwärts, Deutschland
20.48 Uhr: Container, 2fach übereinander, flussabwärts, Niederlande
20.53 Uhr: Tankschiff, voll, flussaufwärts, Niederlande
20.54 Uhr: Schrott, flussabwärts, Niederlande

Während ich die Schiffe beobachte, spielt ein Jugendblasorchester und unterhält die Gäste mit flotter Musik. Sie ernten viel Applaus, auch von den Radfahrern auf dem vorbeiführenden Radweg, die stehen bleiben, um zuzuhören.
Zurück am Campingplatz spaziere ich noch ein Stückchen auf einem schmalen Weg zwischen endlosen Kartoffelfeldern und freue mich über den rot glühenden Sonnenuntergang über dem flachen Land.

Samstag, 5. Juni - GPS: nein! Lieber Mammuts und Adler sehen!

Zu Beginn eines neuen sonnigen Tages warte ich eine halbe Stunde auf die Fähre, die Punkt 9 Uhr abfährt und mich an das rechte Ufer des Rheins bringt. Einige weitere Radfahrer sind an Bord. Einer fragt mich beim Aussteigen, ob ich ein GPS-Gerät hätte. „Nein", antworte ich. Er zeigt auf sein GPS-Gerät am Lenker und sagt: „Das ist gut; hat nur 200 Euro gekostet." „Ich brauche kein GPS-Gerät", entgegne ich, „ich frage lieber die Leute nach dem Weg, da erlebe ich viel mehr."
Der Radfahrer gehört zu einer Gruppe, die das Ijsselmeer umradeln will. Sie nimmt den Weg nach rechts; ich biege nach links ab, um am rechten Rheinufer weiter zu fahren. Nein, also, ein GPS-Gerät will ich nicht, obwohl ich es eigentlich gut gebrauchen könnte, denn mein Orientierungssinn ist nicht besonders gut ausgeprägt. Diese Schwäche zu akzeptieren ist mir nicht leicht gefallen und ich habe dafür Jahrzehnte gebraucht. Zum Auto fahren finde ich ein Navigationsgerät ganz praktisch, da habe ich eins. Beim Rad fahren im Urlaub frage ich gern die Menschen, denen ich begegne, nach dem Weg, wenn ich Zweifel habe, auf dem Weg zu sein, auf dem ich sein will. Dabei lerne ich verschiedene Menschen kennen. Mit einem GPS-Gerät würde ich einen großen Teil der Fahrzeit auf den Monitor starren und manche Sehenswürdigkeit am Wegesrand verpassen, einen besonderen Vogel nicht sehen, eine schöne Blume nicht bewundern können. Also nehme ich lieber mal einen falschen Weg in Kauf, auf dem ich umkehren muss oder fahre ungewollt einen Umweg, der dann aber voller interessanter Erlebnisse ist. Zum Ziel bin ich bisher immer gekom-

men, wenn auch nicht jedes Mal auf dem schnellsten oder kürzesten Wege.
Das riesige Mammut, das plötzlich am Weg steht, hätte ich wahrscheinlich auch mit dem Blick auf ein Navi sofort entdeckt. Es ist nur eine Skulptur, in Lebensgröße, na ja, ich habe noch kein lebendes Mammut gesehen.
Außerhalb der Ortschaften bin ich meist von flachen Wiesen umgeben, durch die sich Deiche und Entwässerungsgräben ziehen. Daran habe ich mich schon gewöhnt und bin überrascht, als ich zwischen Arnheim und Wageningen immer wieder durch dichten Wald komme. Das Land ist leicht gewellt mit einigen Steigungen, die schon fast anstrengend sind.

Ein Mammut am Wegesrand

Nachdem ich den Ort Renkum durchfahren habe und kurz anhalte, um einen Blick auf die Karte zu werfen, fährt eine junge Frau auf einem vollbepackten Rad an mir vorbei. Sie ruft mir etwas in holländischer Sprache zu, das ich nicht verstehe. Beim Weiterfahren hole ich sie ein, fahre links neben sie und spreche sie auf Deutsch an. Sie spricht ein gutes Deutsch wie alle Niederländer, mit denen ich bisher geredet hatte beim Einkaufen, im Restaurant, in der Campingplatz-Rezeption, beim Fragen nach dem Weg. Ich schätze die junge Frau neben mir so Ende zwanzig. Sie erzählt, sie sei gerade zwei Wochen lang in Schweden gewesen und habe mit Freunden aus den Niederlanden, die jetzt in Schweden lebten, eine Rundreise per Rad durch Schweden gemacht. Sie sei mit dem Zug zurückgefahren, über Kopenhagen bis Arnheim. Von Arnheim sei sie nun auf dem Weg nach Hause in Wageningen, der nächste Ort ist es schon. Sie weist auf das Naturschutzgebiet hin, das links von uns liegt und sagt, es gebe dort auch Adler. Ich will es genauer wissen und frage: „Seeadler oder Fischadler?“ „Fischadler!“ Ich erzähle von meiner Reise, woher ich komme, wohin ich will. „Ich will mal den Rhein von hier bis Basel mit dem Rad fahren“, sagt sie. Ich möchte ein wenig Holländisch lernen und sie fragen, was „Guten Tag“ auf Holländisch heißt, aber da muss sie schon nach rechts abbiegen. Schade. Ein kurzer Abschiedsgruß und ich folge meinem Weg geradeaus. Auf meiner Radkarte von „bike-line“ macht der Radweg viele Schlenker. Die ignoriere ich und nehme die direkteren und kürzeren Verbindungen von Ort zu Ort über die Nationalstraße. Der Autoverkehr ist nicht sehr stark und schöne Radwege parallel zur Straße, von der Fahrbahn durch Bäume und Büsche abgetrennt, gibt es fast überall.

In Wijk bij Duurstede suche ich ein Café, um mich ein wenig zu entspannen, und stelle fest, dass in diesem schmucken kleinen Städtchen hinter dem Rheindeich eine ganze Menge los ist. Es findet gerade ein Jazz-Festival statt. Überall sind Bühnen aufgebaut. Eine

Band mit Sängern ist auf einer großen Bühne mit riesigen Lautsprechern gleich neben der imposanten alten Kirche aktiv. Ich finde ein Café in einer Nebengasse, so weit von der Musik entfernt, dass mir die Lautstärke erträglich ist.
Erholt setze ich meinen Weg fort. Um 16.30 Uhr mache ich eine Verschnaufpause auf einer Bank in einem kleinen Park am Ortsausgang von Geldermalsen und blättere die Karten meines „bike-line“ zurück, um zu zählen, wie viele ich bis jetzt schon geschafft habe. Ich befinde mich auf dem sechsten Blatt von zwölf, das bedeutet, ich habe etwa die Hälfte des Weges von Millingen bis Rotterdam hinter mich gebracht. Morgen werde ich also in Rotterdam ankommen. Dann habe ich mir jetzt ein Quartier verdient und suche einen Campingplatz auf der Karte, da ist aber weit und breit keiner eingezeichnet. Übernachtungsmöglichkeiten in einer Pension oder Bed and Breakfast sind für Leerdam angegeben. Bis dahin muss ich noch 17 Kilometer radeln. Also los. Nach ungefähr acht Kilometern überrascht mich ein Schild, darauf steht „Camping“ mit einem Pfeil nach links. Zunächst erblicke ich nur ein McDonalds-Restaurant, doch da, tatsächlich, da befindet sich ein Freizeit-Center mit Autobahn-Raststätte, Schwimmbad an einem Baggersee und Campingplatz. Hier bleibe ich!
Schon gestern Abend machte sich ein beginnender Sonnenbrand auf meinem linken Oberschenkel und auf der linken Wade bemerkbar. Die Haut ist stark gerötet und brennt ein wenig. Heute ist es noch etwas schlimmer geworden. Ich hoffe, das gibt sich wieder. Der Tag Pause, den ich mir für Rotterdam vorgenommen habe, wird mir gut tun.

Sonntag, 6. Juni - Besinnliche Sonntagsfahrt und Regen in Rotterdam

Ein stiller Sonntagmorgen beginnt mit gedämpftem Sonnenlicht; der Himmel ist ein wenig verschleiert. Mein Rad rollt auf glattem Asphalt an Wiesen vorbei und zwischen Äckern und Wiesen hindurch. Lange gerade Reihen von Bäumen durchkreuzen die total flache Landschaft und begrenzen den Horizont. Kühe stehen auf den Weiden; hier und da grasen Schafe. Vögel zwitschern leise. Es ist fast windstill und mein Rad läuft nahezu wie von selbst. Der Radweg steigt kurz einen Damm hinauf, auf dem sich die roten Backsteinhäuser des schmucken kleinen Dorfes Gellicum drängen. Am Damm vorbei fließt die Linge; Boote sind am Ufer festgemacht. Die Straßen führen über Dämme, oft von Bäumen zu beiden Seiten begleitet als Alleen. So kann ich schon von weitem sehen, wo die nächste Straße kreuzt. Angler mit mehreren Metern langen Angelruten sitzen am Ufer der Linge und warten still und geduldig darauf, dass ein Fisch anbeißt. Die Haubentaucher auf dem Wasser sind aktiver; sie tauchen nach Fischen und machen den Anglern was vor.

Zwischen Vuren und Dalem gelange ich wieder an den Rhein, der hier nicht mehr Rhein heißt, sondern Waal, einer der Flussläufe, in die sich der Rhein jetzt in seinem Delta verzweigt.

Das vor mir liegende Städtchen Gorinchem grüßt mich schon von weitem mit einer hoch aufragenden alten Windmühle und einem Kirchturm. Neben der großen Kirche St. Janstoren ruhe ich mich aus. Das mächtige Gebäude, aus dunkelroten Backsteinen und hellen Sandsteinen im romanischen Stil gebaut, beeindruckt mich. Durch die Fenster dringt Gesang nach draußen. Es ist kurz nach 10 Uhr; der Gottesdienst hat begonnen. Dann höre ich Kinderstimmen drinnen sprechen. Plötzlich fliegt eine Seitentür auf und etwa 30 Kinder stürmen heraus; drei Erwachsene eilen hinterher. Sicher gehen sie mit den Kindern zum Kindergottesdienst in das benachbarte Gemeindehaus.

Gorinchem

Am Ortsende von Gorinchem steht ein Wegweiser: „Rotterdam 37 km". Ich freue mich, dass mein Teilziel schon so nah ist! Ungefähr zehn Kilometer hinter Gorinchem wird die Landschaft mehr und mehr durch

Industrieanlagen geprägt und die Verkehrswege verdichten sich.
Kurz nach 12 Uhr halte ich an für eine kurze Mittagspause auf dem von Gras bewachsenen Rand einer kleinen Straße bei Ridderkerk. Ganz in der Nähe stehen große Glas-Gewächshäuser. Eine Familie marschiert vorbei, Vater, Mutter, zwei Jungen und zwei Mädchen. Die Kinder sind etwa im Alter zwischen 6 und 14 Jahren. Alle sind sonntäglich herausgeputzt in schwarz und weiß. Die Kinder wirken sehr artig und gut erzogen. Sicher kommen sie gerade aus der Kirche. Eine Familie wie aus einem historischen Film; sie scheint gar nicht so recht in die heutige Zeit zu passen.
Sehr viele Gruppen von Rennradfahrern begegnen mir heute. Eine scheint das Training besonders ernst zu nehmen. „Tempo!" ruft einer der Radfahrer aus der Gruppe und sie surren an mir vorbei.
Von Westen her zieht sich der Himmel zu; immer dunkler werden die Wolken.
Rotterdam begrüßt mich mit Regen, zunächst fallen nur wenige leichte Tropfen.
Der Autoverkehr wird immer lauter, doch es sind mindestens genauso viele Radfahrer wie Autofahrer unterwegs, wenn nicht sogar noch mehr.
An beiden Rändern jeder größeren Straße verlaufen die rot markierten Radwege. Mir fällt auf, wie vorsichtig die rechtsabbiegenden Autos um die Ecke fahren, die Fahrer immer aufmerksam mit einem Blick nach rechts auf Radfahrer achtend, die geradeaus weiterfahren wollen.
Auf dem Campingplatz angekommen regnet es ziemlich heftig und ich baue schnell mein Zelt auf und bringe das Gepäck darin unter, damit es trocken bleibt. Ich nutze den Regen für einen erholsamen Mittagsschlaf unter dem Zeltdach, auf das die Regentropfen beruhigend

trommeln. Es ist nur ein Schauer. Als ich mir einen Kaffee koche, folgt ein weiterer Regenschauer. Auf dem anschließenden Weg in die Stadt nehme ich vorsichtshalber meine Regenjacke mit. Eine gute Entscheidung, denn nach einer Viertelstunde regnet es wieder sehr heftig, zum Glück nur kurz. Ich fahre zum Wasser und schließe mein Rad an einen Zaun am Jachthafen an. Der dreimastige Schoner „Osterschelde" lässt mich von einer Schiffreise träumen. Ich stelle es mir sehr aufregend vor, auf diesem Schiff zu reisen und zu leben, mit Stürmen und Wellen zu kämpfen, die Segel zu hissen und einzuholen, als Team von „Matrosen" zusammenzuwachsen zu einer festen Gemeinschaft, in der einer auf den anderen angewiesen ist, um das Schiff sicher zu lenken. Schon oft habe ich andere von Segelfreizeiten erzählen hören. Mit diesem Schiff vor Augen kann ich mir gut vorstellen, wie eine Segelfreizeit ablaufen würde. Ich würde gern einmal an so einer Freizeit teilnehmen.
Zu Fuß mache ich mich auf den Weg, die Stadt ein wenig zu erkunden. Im Moment macht sich allerdings ein großes Hungergefühl bemerkbar. Mein Körper verlangt nach dem Auffüllen seiner Energiedepots und ich schaue aus nach einem Restaurant. Am „Bierhaven" betrete ich ein chinesisches Restaurant und esse mich erst einmal satt. Vom Fenster des Restaurants blicke ich auf das kleine Becken des „Bierhaven" und des „Wijnhaven". Einige alte kleine Lastkähne liegen dort und historische Ausflugsschiffe. Die Hafenbecken sind umgeben von Bäumen und mehrstöckigen roten Backsteinhäusern; hinter diesem idyllischen Hafen aus der Anfangszeit der Stadt erheben sich elf Wolkenkratzer und führen in die Gegenwart zurück.
Nach dem Essen spaziere ich am Maritiem-Museum vorbei. Da würde ich morgen gern hingehen, aber ich

lese, dass es montags geschlossen hat, wie alle anderen Museen der Stadt auch, erfahre ich in dem kleinen Reiseführer über Rotterdam, den ich bei der Rezeption des Campingplatzes bekommen hatte.
Zurück am Zelt, mache ich einen kleinen Rundgang über den Campingplatz. Auf der großen Zeltwiese stehen außer meinem Zelt nur wenige andere. Umso mehr ist die Wiese von Elstern, Amseln und den schwarzweißen Austernfischern mit langem roten Schnabel und roten Füßen bevölkert, die alle im Gras herumstochern, um nach Fressbarem zu suchen. Nach dem Regen sind sicher die Regenwürmer an die Oberfläche gekommen und so eine leichte Beute für die Vögel.
Menschen halten sich nur sehr wenige auf dem Platz auf; es ist noch vor dem Ansturm der Ferien. Nur wenige Wohnmobile und Hauszelte säumen die kleinen Gassen des Campingplatzes. In einigen Ecken stehen alte Wohnwagen; auf den Dächern liegen Äste, die Wände sind schwarz vom Schmutz aus vielen Jahren, in denen sich niemand um diese Gefährte gekümmert hat. Kein schöner Anblick. Die kleinen Hütten, die man mieten kann, sehen aber sehr nett aus. Die Sanitäranlagen sind einigermaßen sauber. Warmes Wasser zum Duschen ist in der Gebühr mit einbegriffen und ich muss es nicht extra bezahlen wie auf den meisten Plätzen, auf denen ich eine Duschmünze kaufen oder ein 50-Cent-Stück einwerfen muss, um dann nur fünf Minuten duschen zu können.
Es wird für mich Zeit zum Schlafen. Werde ich überhaupt schlafen können? Denn direkt an der Zeltwiese entlang, durch Büsche und hohe Pappeln abgetrennt, verläuft eine vielbefahrene Schnellstraße. Doch das Rauschen der Pappeln im Wind übertönt den Verkehrslärm. Ich kann in der Nacht wirklich gut schlafen.

Montag, 7. Juni - Ein Fahrrad richtig zu parken wird belohnt!

Nach dem Spülen des Frühstücksgeschirrs im Sanitärgebäude, auf dem Weg zum Zelt, sehe ich, wie gerade eine Elster mein Knäckebrotpäckchen aus dem offen gelassenen Zelt herausgezerrt hat. Eins ihrer flügge gewordenen Jungen steht neben ihr und bettelt. Nein, das ist mein Brot! Ich renne auf die räuberischen Vögel zu und verscheuche sie. Ich werde an meinem Zelt jetzt immer – auch wenn ich nur kurz weggehe - den Reißverschluss zuziehen, damit freche Vögel nicht hinein können.
Um 11 Uhr legt die „Marco Polo" der Reederei „Spido" zur Hafenrundfahrt ab. Der Bürgermeister von Rotterdam begrüßt die Fahrgäste. Das finde ich ja toll, dass er so auf die Leute zugeht und sogar Touristen zur Hafenrundfahrt anspricht. Dass er dafür Zeit hat! Doch dann merke ich bald, dass die Begrüßung des Bürgermeisters von einem Tonträger abgespielt wird wie alle anderen Informationen in holländischer, deutscher, englischer und französischer Sprache auch. Ich lerne, dass der Hafen von Rotterdam neben Shanghai und Singapur der drittgrößte der Erde ist.
Durch das graue regnerische Wetter schiebt sich das moderne Schiff an den Hafenbecken vorbei. Da ist der Fruchthafen mit großen Hallen, in denen eine brasilianische Firma Orangensaftkonzentrat einlagert. Im Forsthafen werden Produkte aus der Forstwirtschaft durch eine schwedische Firma umgeschlagen.
Zwischen den Hafengebäuden und Kränen schauen auch die vier Flügel einer historischen Windmühle hervor. Mich wundert, dass ich kaum moderne Windräder zur Stromerzeugung sehe. Der Wind, der ungehindert

über das flache Land weht, könnte eine Menge Windräder antreiben. Windparks mit Wäldern von gewaltigen Türmen, auf denen sich die dreiflügeligen Räder drehen, werden in Deutschland immer mehr und prägen die Landschaften, aber in den Niederlanden habe ich solche Windkraftanlagen bisher nirgendwo entdeckt. Wenn ich hier ein Windrad sehe, dann steht es in einem Industriegebiet, aber nicht mitten in der Landschaft wie in Deutschland.
Die „Marco Polo“ fährt an Containern vorbei, die zu riesigen Stapeln getürmt wie Hochhäuser an den Kais stehen. Große Überseeschiffe werden mit riesigen Kränen beladen oder entladen, Fluss-Frachtschiffe nehmen die Ladung auf, die die großen Schiffe hertransportiert haben, um sie über den Rhein in ganz Europa ausliefern zu können, oder sie geben die Waren, die aus dem Inland kommen, ab, damit sie mit den großen Schiffen nach Übersee geschifft werden.
Nach der Hafenrundfahrt strebe ich wieder dem Campingplatz zu, um mir ein Mittagessen zu kochen und ein wenig auszuruhen. Ich komme an einem großen Fahrradparkplatz am Straßenrand vorbei. Hunderte von Rädern haben auf dem Sattel einen leuchtend grünen Regenüberzug. Die sehen alle gleich aus; darauf steht etwas geschrieben. Ich werde neugierig, halte an und sehe mir die Überzieher genauer an. Ich lese: „Goed. Fiets goed geparkeerd! Zet je fiets altijd in de Fietszone. Gemeente Rotterdam.“ Ich versuche zu übersetzen: „Gut gemacht! Sie haben Ihr Fahrrad gut geparkt! Stellen Sie Ihr Fahrrad immer auf dem Fahrradparkplatz ab! Ihre Gemeinde Rotterdam.“ So belohnt die Stadtverwaltung von Rotterdam die Menschen, die ihr Fahrrad ordentlich parken, so dass es nirgends zum Hindernis wird. So ein Belohnungsgeschenk kostet Geld, das finde

ich aber besser als Verbotsschilder aufzustellen, die auch ihr Geld kosten. Ich habe mir keinen Regenschutz verdient. Als ich vorhin in einer Geschäftsstraße mein Fahrrad an einem Laternenpfahl parkte, wunderte ich mich, dass weit und breit kein anderes Rad zu sehen war. Es war kein offizieller Parkplatz für Fahrräder! Ich hatte es nicht gut gemacht. Peinlich, aber jetzt weiß ich Bescheid!

Hafen Rotterdam:
Flussschiffe laden Container von Übersee

Zurück auf dem Campingplatz koche ich, esse und lege mich hin zu einem Mittagsschlaf. Einen Tag mit mehr Ruhe brauche ich heute nach den letzten Tagen anstrengenden Radelns. Und was ich nicht vergessen darf: Mein Fahrrad pflegen! Ich schmiere die Kette und stelle die Bremsen nach.

Mein Sonnenbrand an den Oberschenkeln ist zum Glück nicht schlimmer geworden, sondern abgeklungen. Gegenüber dem Eingang des Campingplatzes führt ein Kanal vorbei, der Noorderkanaal. Dorthin mache ich einen Nachmittagsspaziergang. An beiden Ufern reiht sich ein Hausboot an das andere. Diese Hausboote sehen aber gar nicht wie Boote aus, eher wie ganz normale kleine Einfamilienhäuser, die aber schwimmen können. Sie sind vom Land über einen kleinen Steg zu erreichen; in den „Vorgärten“ blühen Seerosen. Zur Kanalmitte hin sind kleine Boote an die schwimmenden Häuser gebunden. Ganz praktisch so ein schwimmendes Haus. Es bleibt bei Hochwasser immer oben.

Hausboote auf dem Noorderkanaal

Dienstag, 8. Juni - Unheimliche Begegnung in den Dünen

Früh werde ich wach. Auf der Zeltwiese stolziert, neben den schon bekannten gefiederten Gästen, auch noch ein Storch umher. Schon um sieben Uhr reise ich mit meinem fertig gepackten Rad ab. Das Wetter ist regnerisch und kühl, aber ich habe endlich mal Rückenwind! Über die Vorstädte Delfshaven, Schiedam und Vlaardingen radle ich in Richtung Maassluis. So langsam gewöhne

ich mich daran, wie man als Radfahrer in einer holländischen Großstadt zurechtkommt. An einer Kreuzung, wenn die Ampel auf Rot steht, muss ich einen Knopf drücken, der oben an einer schwarz-weiß gestreiften Säule angebracht ist und den ich vom Rad aus bequem erreichen kann. Für Radfahrer gibt es eine extra Ampel in Radfahrer-Augenhöhe. Die Ampeln für Autofahrer sind wesentlich höher angebracht, obwohl die Fahrer von PKWs niedriger sitzen als Radfahrer, aber die müssen wegen der höheren Fahrtgeschwindigkeit ja schon von weiter her die Lichtsignale erkennen über die vor einem fahrenden Fahrzeuge hinweg. Alle Ziele sind für Radfahrer gut ausgeschildert, es ist eigentlich unmöglich, sich zu verfahren, vorausgesetzt, man entdeckt auch jedes Schild, was bei mir nicht immer der Fall ist. Um acht Uhr herum bevölkert sich der breite Radweg neben der Autobahn A 20 immer mehr mit Rad fahrenden Jugendlichen, die auf dem Weg zur Schule sind. Fast alle sitzen auf einem sogenannten Hollandrad mit geschwungenem Lenker, „Gesundheitslenker", wie man früher bei uns sagte. So ein „Alte-Oma-Rad" würde in Deutschland kaum ein Jugendlicher fahren. Doch etwas Modernes entdecke ich: Viele Jungen haben auf ihren Gesundheitslenker einen Triathlon-Aufsatz montiert, ein Utensil, das eigentlich für den Wettkampf mit dem Rennrad im Zeitfahren gedacht ist, weil es eine Körper-Lage auf dem Rad ermöglicht, die dem Gegenwind möglichst wenig Widerstand entgegensetzt. Ob dieser Effekt bei den schwerfälligen Hollandrädern zur Wirkung kommt, bezweifle ich allerdings.
Ich nähere mich einer Gruppe Jugendlicher vor mir, überhole sie und spreche einen Jungen im Alter von etwa 16 Jahren zunächst auf Deutsch, dann auf Englisch an. Er spricht besser Englisch als Deutsch, also bleibe

ich beim Englischen. Ich schätze, dass er in die 10. Klasse geht und frage ihn: „Are you in the tenth class?“ Er antwortet: „No, we don't have tents for our class, we have buildings.“ Ein lustiges Missverständnis, das sich dann aufklärt im weiteren Gespräch von Fahrrad zu Fahrrad. Er informiert mich, dass er in die zwölfte Klasse gehe. Hatte ich mich so im Alter verschätzt? Ich frage, wie weit er jeden Tag mit dem Rad zur Schule fahren müsse. „Zehn Kilometer.“ „Und wann fängt die Schule an?“ „Um halb neun.“

Wir nähern uns einem Ort. Das könnte meiner Karte nach Maassluis sein und ich frage meinen Gesprächspartner: „Is this Maß-lu-is?“ „I don't understand“, sagt er. Ich frage anders: „What's the name of this village?“ „Massleus.“ Da muss ich erst mal überlegen, ob das Maassluis bedeutet, aber muss wohl; ich hatte es falsch ausgesprochen, so wie man es als Deutscher liest; kein Wunder, dass der junge Mann mich nicht verstand. Unsere Wege trennen sich; zur Schule geht's weiter geradeaus; ich biege links ab und gelange wieder ans Wasser, an den „Nieuwe Waterweg“, eine künstlich gegrabene Wasserstraße, die es den Hochseeschiffen ermöglicht, den Rotterdamer Hafen zu erreichen. Wie ich sehe, ist hier immer noch Hafengebiet; Türme aus Metall und ein Gewirr von Rohrleitungen weisen hin auf zahlreiche Raffinerien im „Petroleumhaven“ auf dem gegenüberliegenden Ufer. Ein Blick auf meinen Fahrradcomputer zeigt mir, dass sich das Hafengebiet auf einer Länge von insgesamt 30 Kilometer erstreckt bis hin nach Hoek van Holland. Kurz vorher bestaune ich die riesigen Torflügel, mit denen bei Hochwasser der Nieuwe Waterweg geschlossen werden kann.

Endlich habe ich die Nordsee vor mir! Meeresrauschen schenkt mir ein Glücksgefühl. Dazu dringen noch erste

Sonnenstrahlen durch die Wolkendecke und machen mein Wohlgefühl vollkommen. Es wird wärmer und ich mache eine Mittagspause am Strand. Während ich im Sand liege, fallen mir die Augen zu, das regelmäßige Kommen und Gehen der Wellen wirkt beruhigend und klingt so, als würde das Meer ein- und ausatmen.
Mit erneuerten Lebenskräften setze ich meine Reise fort. Inzwischen scheint meistens die Sonne und die Temperaturen werden sommerlich.

Ackerland unter Glas im Westland

Zwischen Hoek van Holland und dem Ort Monster, einem Vorort von Den Haag, ist die Landschaft von Glashäusern geprägt. Bis zum Horizont glitzert eine zusammenhängende Fläche von Glasdächern in der Sonne, dazwischen schauen die Ziegeldächer der Bauernhäuser, vereinzelte Bäume und Kirchtürme hervor. Beim Anblick all dieser Gewächshäuser kann ich verstehen, dass so viel Gemüse, das wir in Deutschland kau-

fen, aus den Niederlanden kommt, und das schon ganz früh im Jahr.
Dann ist die Landschaft wieder eine ganz andere: Mein Weg schlängelt sich zwischen hohen Dünen.
Im hübschen kleinen Städtchen Zandvoort kaufe ich zu essen ein. Kaum habe ich den Supermarkt verlassen, fängt es kräftig an zu regnen und hört auch nicht wieder auf. Unter meinem weiten Cape fahre ich durch den Regen und durch Dünenlandschaft. Pitschnass komme ich in der Rezeption des Campingplatzes „De Lakens" an und bekomme von freundlichen jungen Damen einen wunderschönen Platz mitten in den Dünen angewiesen. Ich schlage mein Zelt in einer kleinen Kuhle auf und fühle mich ganz für mich allein mitten in der Natur. Der Regen hat nachgelassen und ich bereite mir das Essen auf meinem kleinen Gaskocher vor dem Zelt zu. Im Gebüsch neben der Sandkuhle sitzt eine Nachtigall und singt mir ein Ständchen, so laut, dass selbst meine Frau Jutta es hören kann, als ich sie auf dem Handy anrufe. Nach dem Lärm der Stadt tut mir die Natur richtig gut. Nach dem Essen mache ich mich auf, die Dünen zu erkunden, die im Nationalpark „Kennemerland" liegen. Ich folge einem schmalen Pfad zwischen niedrigem Buschwerk, Gras- und Heideflächen, niedrigen vom Wind verkrüppelten Bäumen. Die Natur wirkt wild und unberührt, wie vor langer, langer Zeit, als es noch keine Menschen gab. Meine Fantasie regt sich und ich stelle mir vor, jetzt würde plötzlich ein urtümliches Wesen, ein Mammut oder ein Dinosaurier aus dem Gebüsch hervortreten. Es ist schön, so zu träumen, als lebte man in einer vergangenen Zeit, als machte man eine Zeitreise. Eine schöne Spielerei der Vorstellungskraft, die nicht damit rechnet, dass das Vorgestellte auch wirklich eintrifft. Ich traue meinen Augen nicht, aber da

steht auf einmal wirklich ein urtümliches Wesen vor mir, das ich noch nie in meinem Leben gesehen habe:

O Schreck, was ist das?

Ein großes zotteliges Rind mit langen, spitzen, geschwungenen Hörnern. Frei umherlaufend. Ein Bison? Ein Wisent? Ein Auerochse? Ich stehe wie angewurzelt da und schaue das Tier erschrocken an. Es scheint aber ganz friedlich zu sein. Langsam gehe ich weiter; das Tier beachtet mich nicht und meine Angst ist vorbei. Das Rind ist nicht allein. Hinter einem kleinen Wäldchen stehen noch mehr auf einer Wiese herum. Sie sind nicht eingezäunt und können sich frei bewegen. Später erfahre ich, dass es sich bei diesen Rindern um das „Schottische Hochlandrind" („Scottish Highland Cattle") handelt.
Inzwischen regnet es wieder etwas. Ein Kuckuck ruft. Ein Trupp Kanadagänse rauscht über mich hinweg.

Zufrieden schlafe ich nach diesem wunderbaren Naturerlebnis in meinem Schlafsack ein.

Mittwoch, 9. Juni - Abschlussfahrt der Basisschule: mit Fahrrad

Bei leichtem Regen packe ich am Morgen das nasse Zelt zusammen und fahre bergab von der Küste weg in Richtung Bloemendaal. Dabei spüre ich deutlich, wie tief das Land liegt. Der Dünenstreifen ist lebenswichtig für ein Land unter dem Meeresspiegel.
Der Regen lässt nach, aber die Wolken hängen weiter dunkel und schwer vom Himmel herab.

In Ijmuiden/Velsen-Zuid lenke ich mein Rad zur Anlegestelle, von wo eine Fähre den Noordzeekanaal überquert nach Velsen-Noord. Eine lebhafte Schulklasse mit Fahrrädern wartet schon auf das Schiff. Die Schüler sind sehr aufgeschlossen und ich komme sofort mit ihnen ins Gespräch. Sie verraten mir, dass sie aus Haarlem seien und insgesamt 42 Kilometer zu radeln hätten, bis nach Bergen aan Zee, wo sie zwei Nächte bleiben wollten, also einen ganzen Tag am Strand verbringen würden. Wir unterhalten uns auf Englisch, das die Jungen und Mädchen, deren Alter ich auf etwa zwölf Jahre schätze, erstaunlich gut sprechen. Ein Schüler bietet mir einen Gummibonbon an, den ich gern nehme. Die Fähre legt an, die Fahrzeuge, die von der anderen Seite kommen, verlassen das Deck und die Schüler und ich schieben unsere Räder auf die Fähre. Die Klasse wird begleitet von einer jungen Lehrerin und drei Männern in Warnwesten, die offenbar für die Sicherheit zuständig sind.

Weil mein Weg auch durch Bergen aan Zee führt, beschließe ich, bis dahin der Gruppe zu folgen, um es zu vermeiden, dass ich jede Wegkreuzung mit der Karte vergleichen und lange überlegen muss, wie es weitergeht und ich womöglich falsch fahre. Das geringere Fahrtempo der Gruppe ergibt wahrscheinlich weniger Zeitverlust als wenn ich falsche Wege fahren würde. Ich fühle mich sicherer mit Menschen, die sich auskennen - und diesen Eindruck habe ich während eines Gespräches mit einem der drei Sicherheitsbegleiter, der als Schlusslicht hinten fährt. Er spricht sehr gut Deutsch und erzählt mir, er sei Frührentner und hätte früher als Polizist gearbeitet. Es mache ihm Spaß, mit Kindern unterwegs zu sein. Er mache diesen Dienst ehrenamtlich. Ich frage ihn, ob die Schüler in die sechste Klasse gehen, das würde meiner Einschätzung nach zu ihrem Alter passen. „Nein, sie gehen in die achte Klasse und machen ihre Abschlussfahrt." „Achte Klasse?" frage ich erstaunt zurück, „ich schätze diese Schüler auf 12 Jahre." „Ja, da haben Sie richtig geschätzt, aber bei uns in den Niederlanden fängt die Schule schon im Alter von vier Jahren an. Mit der achten Klasse schließt die Basisschule ab."
Jetzt kann ich mir auch erklären, warum die Schüler, mit denen ich gestern sprach, schon in die zwölfte Klasse gingen. Ich hatte ihr Alter also gar nicht falsch eingeschätzt.
Mit meinem Weggenossen zusammen das Schlusslicht bildend, fällt mir ein Junge mit langen blonden Haaren auf, der auf einem kleinen Fahrrad ganz hinten fährt und sich ziemlich abquält, um den Anschluss an seine Kameraden nicht zu verlieren. An seinem Kniewinkel beim Treten erkenne ich, dass sein Sattel zu niedrig eingestellt ist. Er muss also viel zu viel Kraft aufwenden,

um vorwärts zu kommen. Ich weise auch meinen Begleiter darauf hin. Er kennt die Klasse schon und erzählt, dieser Junge würde oft von anderen geärgert und er stünde etwas abseits von den anderen. Ich beschließe, ihn anzusprechen und ihm vorzuschlagen, seine Sattelhöhe richtig einzustellen. Inzwischen erzählt der ehemalige Polizist weiter aus seinem Leben. Er habe kürzlich eine schwere Herzoperation überstanden und fünf Bypässe gelegt bekommen. Er habe das Gefühl, sein Leben finge noch einmal neu an. Gleichzeitig leide seine Frau unter Multipler Sklerose, die Krankheit habe sich verschlimmert und sie sitze im Rollstuhl. Wie die Dankbarkeit und Freude über die eigene überstandene Operation und die Sorge um seine Frau diesen Mann bestimmt und er noch Zeit und Kraft hat, sich um die Sicherheit von Kindern auf einer Radtour zu kümmern, erzeugt in mir ein Gefühl der Bewunderung.
Jetzt fahre ich neben den Jungen, der immer mehr zurückbleibt, obwohl er kräftig in die Pedale tritt. Ich spreche ihn auf Englisch an: „Dein Sattel ist viel zu niedrig. Du kannst viel leichter fahren, wenn er höher ist.“ „Ist schon okay so“, antwortet er abweisend. „Ich könnte dir den Sattel höher stellen”, lasse ich nicht locker. „Ich will meine Gruppe nicht verlieren“. „Ja nur, wenn wir eine Pause machen.“ „Wenn wir überhaupt eine Pause machen“, keucht er atemlos und spricht dabei ein sehr viel besseres Englisch als seine Klassenkameraden.
Kurz darauf hält die ganze Gruppe, um sich bei einer Pause auszuruhen und alle packen ihre Frühstücksbrote aus. Ich mache dem Jungen noch einmal das Angebot, seinen Sattel einzustellen. Jetzt nimmt er es an und fragt, ob ich überhaupt das passende Werkzeug dabeihätte. Das habe ich. Ich suche den Schlüssel für die betreffen-

de Schraube heraus, lockere sie und ziehe die Sattelstütze ein Stück höher aus dem Sitzrohr heraus. Ich lasse ihn eine Runde fahren; der Sattel ist noch etwas zu niedrig; ich bessere nach, jetzt sieht es gut aus. Durch die optimale Stellung und Hebelwirkung der Beine kann er seine Energie viel effektiver einsetzen. Nach anfänglicher Zurückhaltung, freut er sich nun doch und bedankt sich mit einem Gummibonbon. Bei der Weiterfahrt sehe ich ihn nicht mehr. Jetzt fährt er irgendwo ganz vorn.
Nach einer Weile muss die ganze Gruppe eine Zwangspause einlegen, weil eine Schülerin Kreislaufprobleme bekommen hat und von ihren Eltern abgeholt werden soll. Ich verabschiede mich vom Sicherheitsbegleiter und setze meinen Weg allein fort.
Ein Automat am Weg enthält Gebührenkarten, die man hier für das Passieren des Naturschutzgebietes zahlen soll. Während ich versuche, zu verstehen, was auf dem Automaten geschrieben steht und dann eine Karte ziehe, höre ich Kinderstimmen - da ist die Schülergruppe wieder. Sie hat mich eingeholt. Jetzt verabschiede ich mich noch mal von der ganzen Gruppe und lasse mich zusammen mit der Klasse fotografieren. Bis nach Bergen aan Zee ist es nicht mehr weit; dort trennen sich nun endgültig unsere Wege und ich setze meine Reise durch die Dünen fort. Wieder stehen Schottische Hochlandrinder am Wegesrand. Schilder ermahnen die Passanten, zu den Rindern Abstand zu halten. Auf dem Campingplatz von Sint Martenszee bleibe ich. Nach dem Abendessen vor dem Zelt wandere ich durch die Dünen zum Strand. Ich ziehe meine Schuhe und Strümpfe aus und laufe barfuß durch das Wasser der auslaufenden Wellen. Ich beobachte die wendigen Seeschwalben über dem Meer, die Möwen, die sich am Strand ausruhen; Kormorane fliegen zielstrebig gerade-

aus in Richtung Land. Der Sand um meine Füße herum ist mit unzähligen bunten Muschelschalen gemustert. Dunkle Wolken am Himmel künden von neuen Regenfällen.

Noordhollands Duinreservaat

Donnerstag, 10. Juni - Eine Straße mitten durch das Meer

In der Nacht tröpfelt nur wenig Regen auf mein Zelt. Am Morgen regnet es nicht mehr, so dass ich mein Zelt einigermaßen trocken einpacken kann. Es ist erst sieben Uhr, als ich abreise. Ich hatte so gut geschlafen, dass ich schon um fünf Uhr vollkommen ausgeschlafen war.
Ich bin noch nicht lange unterwegs, da regnet es schon wieder ziemlich heftig und es bleibt dabei. „Bed and Breakfast“ steht auf einem Schild und weist auf ein hübsches kleines Bauernhaus, malerisch zwischen Rasenflä-

chen und Büschen gelegen. Es sieht so einladend aus, dass ich hier bestimmt Quartier machen würde, wäre es jetzt am späten Nachmittag; aber es ist noch Vormittag, also fahre ich weiter. Ein quietschendes, knirschendes Geräusch reißt mich aus meinen Bed-and-Breakfast-Träumen. Ist etwas mit meinem Fahrrad nicht in Ordnung? Das Geräusch wird lauter, dann wieder leiser. Es war nur ein Frosch, der mich aus dem Straßengraben heraus anquakte.
Ich fahre auf den 30 Kilometer langen Abschlussdeich, der das Ijsselmeer von der Nordsee trennt. Der Radweg zwischen Deich zur Linken und der Autobahn A7 zur Rechten verläuft schnurgerade, ich trete stur gegen den Wind und gegen den Regen an. Nach einigen Kilometern auf dem Damm erreiche ich eine Autobahnraststätte in einem Aussichtsturm, in der ich erst einmal Pause mache, um mich ein wenig aufzuwärmen. Drinnen ist es klein und gemütlich, ganz anders als gewöhnliche Autobahnraststätten. An den Wänden hängen viele alte Fotos, die den Bau des Abschlussdeichs dokumentieren. 1927 wurde mit dem Bau begonnen; 1932 wurde der Deich fertiggestellt. Nach einem wärmenden und belebenden Kaffee wage ich mich wieder in den Regen und biete dem Wind die Stirn. Auf dem Deich stehen Schafe; sie bewegen sich nicht. Still erdulden sie die herabfallenden Wassermassen, die wie Vorhänge alles mit einem Grau zuhängen, das nur durch die eingeschalteten Scheinwerfer der entgegenkommenden Autos unterbrochen wird. Durch die Tropfen auf meiner Brille schaue ich nach vorn in das Grau, meine Haut spürt die Nässe, die Jacke konnte den Regen nicht auf Dauer abhalten. Zum Glück ist die Luft einigermaßen warm. Meine Gedanken gehen zurück zu den Eindrücken der vergangenen Tage, die großartige Natur der Dünenlandschaft,

die Brandung des Meeres am Strand, unzählige bunte Muscheln im Sand, Möwen und Seeschwalben, die mit dem Wind spielen, riesige Schiffe, die Container transportieren, die alles enthalten, was für die Wirtschaft und die Schaffenskraft der Menschen wichtig ist. Die Erinnerungen bringen Farbe in das gegenwärtige Grau und auf einmal fallen mir Worte aus dem Psalm 104 ein: „Herr, wie sind deine Werke so groß und viel! Du hast sie alle weise geordnet, und die Erde ist voll deiner Güter. Da ist das Meer, das so groß und weit ist, da wimmelt's ohne Zahl, große und kleine Tiere. Dort ziehen Schiffe dahin; da sind große Fische, die du gemacht hast, damit zu spielen." Das ist das Loblied eines Menschen, der staunt über die Schöpfung, der sich darin wohlfühlt und sich seines Lebens freut. Genau wie ich, trotz des Regens. Jedes Tier, jede Pflanze, jedes Sandkorn, jeder einzelne Regentropfen hat seinen Platz im Gesamten der Schöpfung, in der Weite des Universums, damit der Mensch glücklich leben kann. Gehört auch das schlechte Wetter dazu? Haben selbst die Krankheiten ihren Sinn oder sind sie ein Fehler der Natur? Ich glaube, auch die Krankheiten gehören zur Vollkommenheit der Schöpfung, denn sie helfen dem Menschen, seine Grenzen zu sehen, sich selbst zu finden mit den je eigenen Möglichkeiten, füreinander Verantwortung zu lernen und Gott zu vertrauen.

Beim Fotografieren der Schafe auf dem Deich rauscht eine Frau auf ihrem Fahrrad an mir vorbei, sie ist etwa in meinem Alter und ihr Rad ist voll bepackt wie meins. Am Ende des Deiches an einem Wegweiser treffe ich sie wieder und wir unterhalten uns kurz. Sie wolle nach Harlingen, um von dort mit der Fähre auf die Insel Terschelling zu fahren. Dort finde ein großes Theaterfestival am Wochenende statt, an dem sie teilnehmen wolle.

Wieder auf dem Festland, kommt die Sonne durch. Meine Freude ist groß. Die Backsteinhäuser des kleinen Fischerdorfes Zurich leuchten rot im hellen Licht. Der Kampf durch das regnerische Wetter hat meine Freude verstärkt und meinen Blick für das Schöne geschärft. Und dann entdecke ich da noch etwas sehr Kurioses: Ein Haus am Deich ist hellblau gestrichen. An der Fassade prangt das Wappen der Schweiz, ein weißes Kreuz auf rotem Grund. Darüber steht geschrieben: „Züricher Bank“. Nanu, soll das hier an Zürich in der Schweiz erinnern und hat eine Schweizer Bank hier ihre Filiale? Als ich genauer hinsehe, steht da „Züricher Sand-Bank“. Ach so, ist wohl doch ein Scherz. An der Seitenwand des Hauses ist eine Tafel angebracht, auf der Fotos von Briefen abgebildet sind, die zeigen, dass viele Postsendungen an Adressen in Zurich in den Niederlanden versehentlich nach Zürich in die Schweiz geschickt wurden, bis sie schließlich doch wieder in Zurich in den Niederlanden angekommen waren. Vorn in dem Haus befindet sich ein Andenkenladen in einem großen Würfel aus Glas, der aber gerade geschlossen hat.
In Harlingen sind jede Menge Menschen mit vollbepackten Fahrrädern unterwegs zum Hafen. Alle wollen zum Festival nach Terschelling.
Ich befinde mich jetzt in West-Friesland. Radfahrern wird es hier sehr leicht gemacht, sich zu orientieren. Man muss nur von „Knooppunt“ zu „Knooppunt“ fahren! Ein Knooppunt ist eine Wegkreuzung. Für Radfahrer ist eine Kreuzung mit einer bestimmten Nummer markiert, die man auf einer Karte, die auf einem Schild angebracht ist, wiederfinden kann. Wenn ich vor so einer Karte stehe, finde ich darauf über die Nummer meinen Standort. Wenn ich eine bestimmte Strecke zu einem bestimmten Ort radeln will, suche ich mir diese

Strecke aus und nehme mir als nächstes Ziel den nächsten Knooppunt vor. Dessen Nummer finde ich durch gut sichtbare Wegweiser, die diese entsprechende Zahl anzeigen. So finde ich mein Ziel, ohne ständig auf die Karte sehen zu müssen. Ein praktisches Navigationssystem, das ich jetzt nutze.
Auf einem ruhigen kleinen Bauernhofcampingplatz am Rand des kleinen Dorfes Frouwenparochie schlage ich an diesem Abend mein Zelt auf, mit Blick auf eine historische Windmühle.

Mein Zeltplatz in Frouwenparochie

Freitag, 11. Juni - Regen, Regen und Sehnsucht nach Bed and Breakfast

Die Nacht vergeht ohne Regen! Am Morgen ist Nebel aufgezogen; die Luft ist angenehm warm. Schon zu Beginn der heutigen Etappe sehe ich die drehenden Räder der Windkraftanlagen, die mir begegnen, von vorne. Das heißt: Ich habe Rückenwind! Südwestwind unterstützt mich angenehm und schiebt mich voran auf der gut ausgeschilderten „Waddenzeeroute".
Im Fischerdorf Moddergat steht ein kleines Museum, „'t Fiskerhúske" heißt es, das in vier kleinen und niedrigen Backsteinhäusern untergebracht ist. Sie sehen sehr einladend aus mit ihren weißen Fensterrahmen und schwarz gestrichenen Fensterläden und Fensterkreuzen. Ich bin der erste Gast heute. Bei einer netten älteren Frau in einem der Häuser bezahle ich den Eintritt und sie schließt extra für mich das erste Haus des Museums auf. Es zeigt, wie die Fischer im 19. Jahrhundert gelebt haben. Die Betten befinden sich im kleinen Wohnzimmer und sind in Wandschränken versteckt. Ganz praktisch. Man macht die Schränke zu, das Schlafzimmer verwandelt sich ins Wohnzimmer und niemand sieht, wenn die Betten nicht gemacht sind. Die Betten sind sehr kurz; wahrscheinlich waren die Menschen früher kleiner als heute.
In der Küche des Fischerhäuschens wird gezeigt, wie die Frauen für ihre Männer, bevor sie zum Fischen aufs Meer fuhren, die Wattwürmer ausgruben und auf die Haken der Angelleinen steckten. Inzwischen ist der Sohn der Museumsfrau dazugekommen und führt mich durch die Räume und erklärt mir alles, was ich wissen will.
In einer weiteren Hütte erfahre ich von einem furchtba-

ren Sturm im Jahr 1883, der 109 Fischer in 22 Booten auf dem offenen Meer überraschte. Die meisten Fischerboote gingen unter. Nur 26 Männer wurden gerettet. Die wunderbare Rettung von einem der Fischer wird ganz besonders erwähnt. Er überlebte im Luftraum seines gekenterten Bootes, woraus man ihn am folgenden Tag befreite.

Die Katastrophe von 1883 beendete die Fischerei in Moddergat. In fast jeder Familie wurde der Vater, Bruder, Sohn oder Ehemann beklagt.

Altes Fischerhäuschen in Moddergat

Modelle dokumentieren, wie die Fischerboote damals ausgesehen haben. Es gab auch ein Rettungsboot, das ständig in Bereitschaft gehalten wurde, im Notfall auszulaufen.

Nach der Besichtigung ist es draußen ziemlich dunkel geworden. Schwere Regenwolken sind aufgezogen. Die ersten Tropfen fallen und entwickeln sich zu einem Dauerregen, der die Weiterfahrt unangenehm werden

lässt. Ich bekomme kalte Füße in den durchnässten Socken.
Nach einigen Stunden Fahrt unter dem flatternden Regencape wärme ich mich in einer Bäckerei in Uithuizen mit Kaffee, Kuchen und Torte auf. „Ich habe auch Bed and Breakfast", sagt die Bedienung, wohl die Chefin, zu mir. Sie vermutet, dieses Angebot könnte mir bei diesem Wetter willkommen sein. Da hat sie wohl Recht, es ist wirklich verführerisch, doch mir ist es zu früh am Tag. Ich will noch einige Kilometer schaffen und lehne das freundliche Angebot dankend ab.
Nach mindestens einer Stunde Weiterfahrt bei strömendem Regen ärgere ich mich dann doch, die Einladung zu „Bed and Breakfast" nicht angenommen zu haben. Aber jetzt kehre ich nicht wieder um, sondern trete verbissen in die Pedale gegen Wind und Regen. Ich schaue auf die Karte. Wenigstens bis Spijk will ich heute noch kommen. Mit jedem Kilometer wird meine Sehnsucht nach einem trockenen warmen Bett in einem warmen Zimmer stärker. Endlich bin ich in Spijk und halte Ausschau nach einem Schild, das auf eine Möglichkeit von Bed and Breakfast hinweist. Ich fahre ein paar Mal im Kreis durch den kleinen Ort und entdecke nichts. Ich will weiterfahren in Richtung Delfzijl aber ich finde den Weg nicht. Mindestens drei Runden drehe ich. Ich komme mir ziemlich verloren vor. Schließlich gehe ich in eine Kneipe, in der Männer - ein Bier vor sich - am Tresen sitzen und frage: „Gibt es hier irgendwo Bed and Breakfast?" „Ja, drei Häuser weiter, da wohnt eine Frau, die das anbietet".
Ich bedanke mich für den Hinweis und fahre zu dem bezeichneten Haus. Ein Schild hängt nicht davor. Ich drücke die Klingel. Niemand öffnet. Ich klingele am nächsten Haus. Wieder macht mir niemand auf. Inzwi-

schen fühle ich mich so verzweifelt, dass ich überhaupt keine Scheu habe, an jeder weiteren Haustür zu klingeln. Endlich öffnet sich eine Tür und eine Frau schaut mich von oben bis unten an, wie ich da so triefend vor Nässe vor ihrer Tür stehe. Ich frage, ob es hier im Ort Bed and Breakfast gibt. „Eine Freundin von mir hat das früher gemacht", antwortet sie, „aber jetzt betreibt sie es eigentlich nicht mehr. Ich laufe einfach mal rüber und frage sie. Kommen Sie doch solange herein!"
Sie führt mich durch den Flur in die Küche und bittet mich, am Tisch auf einem Stuhl Platz zu nehmen. Am Tisch sitzt noch eine Frau und auf dem Boden zwischen Stühlen und Tischbeinen wuseln mehrere kleine Hunde und Katzen umher. Nach einem kurzen Gespräch über das Wetter mit der Frau in der Küche kommt die andere zurück mit hochgerecktem Daumen: „Alles okay. Sie bekommen Bed and Breakfast bei meiner Freundin. Ich begleite Sie hin."
Der Weg ist nicht weit und es ist tatsächlich das erste Haus, bei dem ich schon geklingelt hatte, aber niemand hatte geöffnet.
Die Freundin erwartet mich. Ich stelle mein Rad in der Garage ab und lasse das Zelt und das nasse Cape dabei, das brauche ich im Haus nicht. Die Dame zeigt mir mein Quartier. In einer großen Halle stehen ein Tisch mit Stühlen und ein Herd. „Hier können Sie sich was kochen, wenn Sie möchten. Morgen früh bringe ich Ihnen das Frühstück hierher." Dann führt sie mich eine Holztreppe hinauf in mein Zimmer, sauber und sehr nett eingerichtet, mit Bad dabei. Das Fenster weist auf das Zentrum von Spijk: Eine kleine weiß gestrichene Kirche, umgeben von einem kreisrunden Wassergraben, auf dem Schwäne und Enten schwimmen; um den Graben herum verläuft die kreisförmige Straße, an der Häu-

ser aus rotem Backstein stehen, so wie das, in dem ich jetzt für eine Nacht ein Zuhause finde. Kleine Nebenstraßen führen strahlenförmig von dem runden Kirchplatz in alle Richtungen auseinander.
Die Dame des Hauses lässt mich allein und ich packe meine Taschen aus. In der Halle koche ich mir ein Süppchen. Die Gastgeberin bringt mir noch eine Wäschespinne zum Trocknen meiner nassen Kleidungsstücke.
Ich entdecke, dass dieses Haus früher einmal eine Sparkasse gewesen ist. In der Halle, in der ich nun meine nassen Sachen zum Trocknen aufhänge, wurden früher Bankgeschäfte abgewickelt.
Bei wunderschönstem sonnigem Wetter mache ich einen Abendspaziergang durch Spijk. Jetzt finde ich auch den Wegweiser für den Radweg nach Delfzijl, den ich vorhin vor lauter Regen gar nicht gesehen hatte; da muss ich morgen also weiterfahren und merke mir die Stelle. Ich bewundere die Vorgärten der Wohnhäuser. Die Niederländer verstehen was von Gartengestaltung. Ob ein Vorgarten groß ist oder klein; er sieht immer wie ein Park aus und zwar so, dass Haus und Garten in die Weite der flachen Landschaft integriert wirken. Da gibt es keine hohen Hecken, die dem Passanten den Blick in den Garten versperren. Die Häuser haben große Fenster zur Straße hin und zum Garten hinter dem Haus; Gardinen gibt es nicht, man kann durch das Haus hindurchblicken und sieht die Menschen darin sitzen: Eine offene Lebensweise, wie sie in Deutschland undenkbar wäre, wo man sich lieber in sein Haus zurückzieht und nicht auf dem Präsentierteller sitzen will. Ich bleibe nicht stehen, um die Menschen in den Häusern zu beobachten, das verbietet mir mein Anstandsgefühl, sondern gehe weiter.

Samstag, 12. Juni - Schokoladenhagel und Windmühlen

Zum „Bed“, in dem ich wunderbar geschlafen habe, bekomme ich am Morgen nun ein üppiges „Breakfast“ serviert: schwarzes Friesenbrot, Zwieback, weiches Maisbrot, weiches Vollkornbrot, Kaffee, Tee, Apfelsinensaft, Käse, Wurst, Schinken, Marmelade und „Schokoladenhagel“. Ich lange mit großem Appetit zu. Die Marmelade rühre ich nicht an, Süßes mag ich morgens nicht. Den Schokoladenhagel allerdings probiere ich doch und lasse ihn auf eine Scheibe Zwieback „hageln“. Es sind kleine Schokoladenstreusel, wie man sie in Deutschland zur Verzierung von Sahnetorten verwendet.

Angenehmer Südwestwind unterstützt meine Weiterfahrt. Dazu lacht die Sonne. So macht das Radeln Spaß! Neben dem Radweg stehen hin und wieder Abfallbehälter ganz besonderer Art: Sie sehen aus wie Kescher, die man zum Fische fangen benutzt, hier dienen sie aber dem Auffangen von leeren Getränkedosen und dergleichen, die man während der Fahrt wirft und vielleicht auch in den Korb trifft. Wie ich sehe, liegen einige Dosen und Papierkugeln in einem Korb; die Vorbeifahrenden haben getroffen! Ich habe im Moment nichts zur Hand, um auch meine Wurfkünste auszuprobieren. Eine Maßnahme zum Müll verringern, die Spaß macht - anstelle von Verbotsschildern!

Nach kurzer Zeit bin ich wieder an der Nordseeküste, der Radweg führt auf der Deichkrone entlang. Schafe bevölkern den flachen Hang des Deiches zum Meer und den etwas steileren zum Land und halten das Gras kurz. Ich komme an Bunkerruinen aus dem Zweiten Weltkrieg vorbei; sie sind Überbleibsel des Westwalls, der

Verteidigungslinie der Deutschen gegen die westlichen Mächte.
Kurz hinter dem Industriegebiet von Delfzijl ragen alte Grabsteine aus dem Deich empor. Eine Informationstafel erklärt, dass der Friedhof und die Kirche des kleinen Dorfes Oterdum der Erhöhung des Seedeiches weichen mussten. Die Grabsteine des unter dem Deich liegenden Friedhofes wurden zur Erinnerung oben auf den Deich gesetzt. Eine Skulptur, die eine große nach oben geöffnete Hand darstellt, erinnert an den Standort der Kirche. Später verschwand auch das Dorf selbst, das nur 200 Einwohner zählte, im Zuge der Erweiterung des Industriegebietes.
Die Straße, gebaut auf einen Damm, beschreibt rechte Winkel in der absolut flachen Landschaft. Ich rolle zwischen Kartoffelpflanzen, Rüben, Roggen, soweit das Auge reicht, das heißt bis zum neuen Seedeich links und zum alten Deich rechts. Die Fahrt geht also auf dem vom Meer abgerungenen Land um die riesigen rechteckigen Polder herum, die von Entwässerungsgräben begrenzt sind.
Mächtige Bauernhäuser zeugen vom Reichtum der Bauern, die dieses fruchtbare Land bewirtschaften. Typisch ist, dass an der riesengroßen Scheune das etwas kleinere Wohnhaus angebaut ist, das wie ein Herrenhaus aussieht mit seinen großen Fenstern und natürlich einem gut gepflegten Garten davor. Es gibt auch hin und wieder ein Bauernhaus, das leer steht und jahrelang nicht bewohnt wurde. Gab es eine Landflucht, weil die moderne Landwirtschaft nicht mehr so viel Gewinn bringt wie früher?
Nach dem Städtchen Nieuweschans überquere ich die Grenze nach Deutschland, wieder ohne es zu merken.

Eins fällt mir doch auf: Ganze Wälder von Windkrafträdern winken mir von der deutschen Seite her zu.

Großes Bauernhaus in Westfriesland

Als ich den kleinen Ort Bunde durchfahre, komme ich an einer großen historischen Windmühle vorbei, deren Flügel sich drehen. Ein Schild bezeichnet diese Mühle

als Museumsmühle. Ich fahre einige Meter zurück und biege in den Hof ein, auf dem die Mühle steht. Der Mühlenbesitzer hat gerade eine Führung für eine Gruppe von etwa sechs Personen begonnen und ich schließe mich an. Das ist ein Quietschen, Klappern, Ächzen, Schleifen, Rattern im Innern der Mühle! Der Fußboden wackelt, als befände ich mich auf einem Schiff auf bewegter See. Mit dem Müller steigen wir auf schmalen Holztreppen immer höher im Mühlengebäude hinauf. Oben, direkt hinter den vier Flügeln, die draußen ihre Runden drehen, bewegt sich im selben Tempo das große hölzerne „Achsrad". Dahinein greift ein Rad mit hölzernen Zähnen, das die senkrechte „Königswelle" antreibt. An der Königswelle befinden sich mehrere Zahnräder aus Holz in verschiedener Größe, die kleine und große Mühlsteine antreiben, die sich drehend aufeinander reiben zum Mahlen verschiedener Getreidesorten. Der Müller erklärt seine Mühle ganz genau. Er erzählt, dass er die Mühle hobbymäßig betreibe und schon viel Geld und Arbeitszeit zur Restaurierung und Instandhaltung der Mühle investiert habe. Einige ganz Wagemutige der Gruppe klettern bis oben in das Dach des drehbaren Aufsatzes, der die Mühlenflügel trägt und schauen aus einem kleinen Fenster nach draußen. Ich bleibe lieber unten, das ist mir da oben zu wackelig und zu eng.
Im romantischen kleinen Fischerhafen von Weener lasse ich mich vor dem Café „Hafenklause" nieder und bestelle Pflaumenkuchen und Kaffee. Der Kaffee kommt mit dem Kaffeepulver in einer Glaskanne. Ich muss ein Sieb in der Kanne nach unten drücken, damit ich den Kaffeesatz nicht mit in die Tasse schütte. „Aber erst noch ein wenig ziehen lassen", erklärt mir der Wirt. Er bietet mir an, ein Zimmer bei ihm zu neh-

men, eine Übernachtung koste nur ab zehn Euro. Ich will heute noch bis Leer und verspreche ihm, dass ich seinen Gasthof weiterempfehle (was ich also hiermit tue).
In Kirchborgum passiere ich die reformierte Kirche. Die kleine rote Backsteinkirche bietet den Stürmen von Westen her die Stirn mit ihrem kurzen, massigen Turm. Ein Schild mit der Aufschrift „Offene Kirche“ lädt mich ein anzuhalten und die Kirche zu betreten. Ich nehme die Einladung an und gehe hinein. Das Innere ist schlicht gestaltet, typisch für reformierte Kirchen. Der Altar ist nur ein Tisch mit einer weißen Decke und einer Blumenvase darauf. Er erinnert an den „Tisch des Herrn“, an dem Jesus mit seinen Jüngern das Abendmahl feierte. Hübsch verziert ist nur die Kanzel. Sie macht deutlich, dass das Wort Gottes in der reformierten Kirche das Wichtigste ist und deshalb die Predigt im Mittelpunkt eines reformierten Gottesdienstes steht.
Als ich auf dem Campingplatz von Leer mein Zelt aufbauen will, weht ein so kräftiger Wind, dass das Zelt wie eine Fahne heftig flattert und ich meine Mühe damit habe, es zu bändigen. Vom Vortag noch klitschnass, ist es bei dem Wind aber im Nu trocken.
Auf einer Brücke überquere ich die Ems, um durch das Zentrum von Leer zu bummeln. Die Straßen sind eng, die Fenster der Backsteinhäuser klein, mit weißen Fensterrahmen und mit Gardinen verhangen. Da kann man nicht hindurchsehen wie bei den holländischen Häusern. Hier in Ostfriesland unterscheidet sich die Landschaft vom niederländischen Westfriesland kaum und doch bauen die Menschen ihre Häuser so sehr unterschiedlich - in den Niederlanden als ein Teil der Weite, in Deutschland als ein Ort des Schutzes und der Geborgenheit.

Am Bahnhof, dessen Schalter schon geschlossen hat, ziehe ich aus dem Automaten die Fahrkarte für morgen. Über die reformierte Kirche in der Altstadt von Leer belehrt mich eine Info-Tafel, dass die Kirchsturmspitze, die im flachen Land Ostfrieslands weit sichtbar ist, früher als Nullpunkt eines Koordinatensystems diente, mit dessen Hilfe das Land vermessen wurde. So konnte die genaue Größe jedes Grundstückes ermittelt werden, um daraus die Grund- und Bodensteuer zu errechnen.

Sonntag, 13. Juni - Ein anderes Erleben von Zeit

Während der Heimfahrt mit dem Zug habe ich genügend Zeit, meine Reise noch mal vor meinem geistigen Auge vorbeiziehen zu lassen und mir kommen dabei Gedanken über das andere Erleben von Zeit bei einer Radtour, verglichen mit dem Zeiterleben im Alltag. Was vorgestern war auf meiner Radtour, das kommt mir so weit weg vor, als wären Monate vergangen. Jeder Tag war so voller neuer Ereignisse. Eine Aneinanderreihung von Ereignissen empfinde ich anders als eine Reihe bloßer Stunden nach der Uhr, die in der Vergangenheit zu nichts zerfallen, wenn keine Ereignisse stattgefunden haben, die über das Alltägliche, Gewohnte hinausgingen. Im Alltag, wenn immer wieder Gleiches sich wiederholt, kommt es mir so vor als wenn das, was vor zwei Monaten geschah, sich erst vorgestern ereignete. Auf einer Fahrradreise lebe ich einfach intensiver. Morgens um fünf Uhr bin ich schon ausgeschlafen, was mir im Alltag nie passieren würde, und ich mache mich an mein Tagewerk. Die Fahrstrecke habe ich am Abend vorher schon ungefähr geplant. Die Erlebnisse und Ereignisse sind nicht geplant. Sie kommen einfach,

überraschen mich, lassen mich die Vielfalt des Lebens spüren. Wenn ich Rückschau halte auf die vergangenen Tage der Reise, habe ich das Gefühl, als wäre ich schon Monate unterwegs, weil sich in wenigen Tagen schon so viele neue und besondere Erlebnisse angesammelt haben - und so viele Eindrücke malen neue Bilder in meine Erinnerung. Wenn ich nach Hause komme, dann werde ich viel zu erzählen haben. Und ich freue mich, wieder heimzukehren, meine Frau und meine Kinder zu sehen. Auch das ist ein schöner Effekt einer Reise: ich freue mich auf das Heimkommen. Der Alltag war heilsam unterbrochen und wird nun wieder etwas Neues sein. Die Arbeit macht wieder mehr Spaß, manche Eindrücke werden auch meine Predigten würzen.
Bis Hannover habe ich im Inter-City einen noch freien Platz für mein Fahrrad ergattern können. Ab Hannover muss ich mir eine Reihe von Regionalbahnen zusammenstellen lassen, für die keine Radreservierung nötig ist wie bei den Inter-City- Zügen, die alle ausgebucht sind. Die vorausgesehene Ankunftszeit verschiebt sich nach hinten.
„Wann kommst du?“, fragt meine Frau Jutta auf die Mailbox meines Handys, dessen Klingeln ich im Bahnhofslärm nicht gehört hatte. „Gegen 20 Uhr bin ich da“, rufe ich zurück. Ich steige in den nächsten Zug meines persönlichen Fahrplanes und muss ziemlich oft umsteigen. Das ist nicht einfach mit einem schwer beladenen Rad. Heute Morgen habe ich meine letzten Essenvorräte aufgebraucht, leere Batterien bei der Campingplatzrezeption abgegeben und den Klapphocker, dessen Stoff zerrissen war, auf den Müll geworfen, um mein Gepäck etwas zu erleichtern, weil ich auf der Heimfahrt mein Rad öfter in einen Zug hinein- und dann auch wieder hinaustragen muss. Außerdem habe ich es über manche

Treppe zu tragen. Das letzte Stück Rad fahren sind die drei Kilometer vom Langenselbolder Bahnhof bis nach Rodenbach. Wie weit weg fühle ich jetzt den gestrigen Tag, als ich noch von Spijk nach Leer unterwegs war! Der Urlaub geht zu Ende und alle ereignisreichen Tage der letzten zwei Wochen kommen mir nun zeitlich gleich weit entfernt vor. Die Erinnerungen daran konzentrieren sich in diesem Tagebuch. Ich schreibe hin und wieder am Wochenende daran und jedes Mal erlebe ich meine Reise aufs Neue. Das Aufschreiben meiner Erlebnisse lässt das Vergangene zur Gegenwart werden, nicht nur für mich, sondern auch für alle, denen ich davon erzähle und die dieses Tagebuch lesen.

Brücken, Pättkes und dann Berge

Emsland - Münsterland - Sauerland - Vogelsberg

Bei dieser Fahrradreise mache ich es anders: Ich beginne meine Fahrt mit dem Rad nicht vor der Haustür, sondern fahre erst einmal mit dem Zug, und zwar an den Punkt, an dem ich meine letzte Radreise beendet hatte: Leer, Ostfriesland. Von dort will ich dann mit dem Rad nach Hause zurückfahren.

Montag, 28. Mai – „Haben Sie denn Ihre Reise gar nicht genau geplant?“

Früh bin ich wach, denn ich freue mich auf die Reise. Schnell hacke ich noch mal die Beete im Garten durch. Bald sind die Erdbeeren reif, ausgerechnet dann, wenn ich weg bin, schade, aber die Freude auf die bevorstehende Reise ist größer. Schnell noch das Geschirr vom Frühstück gespült, Gepäck ans Rad gehängt. Meine Frau Jutta kommt jetzt die Treppe herunter. Sie hat inzwischen ausgeschlafen und wir verabschieden uns. Auf geht‘s! Zunächst aber radle ich zum Bahnhof Langenselbold, da kann ich bequem auf Gleis eins in den Zug einsteigen, ohne das Rad steile Treppen hinauf und hinunter schleppen zu müssen. Der Zug kommt pünktlich; in Frankfurt auf dem Hauptbahnhof ist das Umsteigen leicht, von einem Bahnsteig zum anderen gelange ich ebenerdig, denn Frankfurt hat einen Kopfbahnhof. Auf der langen Fahrt nach Münster komme ich mit meinem Sitznachbarn ins Gespräch über meine bevorstehende Radtour und ich erzähle ihm, dass ich von

Leer aus zurück nach Rodenbach mit dem Fahrrad fahren werde, pro Tag so um die 90 km. Er rechnet aus: „Von Leer nach Rodenbach sind es also etwa 600 Kilometer, dann brauchen Sie in etwa eine Woche." „Ich habe mir zwei Wochen Zeit genommen und fahre nicht Luftlinie; da sind auch ein paar Umwege dabei, mal sehen, was so alles auf mich zukommen wird." „Haben Sie denn Ihre Reise gar nicht genau geplant?" „Nein, ich will offen sein für überraschende Begegnungen, die Augen aufhalten für die Schönheit der Landschaften; Abenteuer werden von selbst kommen. Was soll ich da planen?" Er schaut mich verständnislos an. Er ist ein Mann, der es gewohnt ist, alles genau zu berechnen.
Die Lufttemperatur im Zug wird wärmer und wärmer, ja heiß. Ein Bahnbediensteter gibt bekannt, die Klimaanlage im Zug sei ausgefallen. Das Zugpersonal verteilt kostenlos Mineralwasserflaschen an die Fahrgäste, damit sie die brütende Hitze besser ertragen können. Die Flaschen haben einen Verschluss, der beim Drehen ein lautes Geräusch verursacht, wie bei einer Ratsche. Ein nerviges Konzert entsteht durch das Auf- und Zudrehen zahlreicher dieser Verschlüsse. Eine Durchsage vom Zugführer kündigt eine Verspätung von etwa 20 Minuten an. Dann werde ich den vorgesehenen Zug nach Leer, für den ich sowieso nur sechs Minuten Zeit zum Umsteigen gehabt hätte, garantiert nicht mehr erreichen. Macht nichts. Ist weniger Stress. Kurz vor Münster bringe ich meine Taschen nach und nach von der Gepäckablage in die Nähe der Ausgangstür und zuletzt mein Rad. Als der Zug endlich in Münster hält, werfe ich zuerst den großen Sack, der das Zelt, die Luftmatratze, einen klappbaren Dreibeinhocker und die Luftpumpe enthält, aus dem Zug, dann das Rad und die restlichen Taschen. Zeit zum Kaffeetrinken und Torte

essen habe ich genug, bevor ich das Rad wieder die Treppe hochwuchte zum Gleis acht, von wo der Zug nach Leer abfährt. Im Bahnhof Leer muss ich wieder das Rad die Treppe hinunter schleppen dann wieder hinauf. Damit es etwas leichter geht, bringe ich erst den Sack vor und dann kommt das Rad mit den Taschen, bis beides wieder vereint ist.
Die Campingplatz-Rezeption in Bingum bei Leer hat schon geschlossen und ich rufe die angegebene Handynummer an. Es meldet sich Frau Hecker und sagt, ich solle mir einen Platz aussuchen. Ob ich Dusch- Marken bräuchte? „Ja, ich hätte gern eine." Nass geschwitzt wie ich bin, will ich doch heute Abend noch duschen. Etwa eine halbe Stunde später kommt ein junger Mann und bringt mir die Duschmarke.
Erfrischt fahre ich in die Stadt, stärke mich in einem griechischen Restaurant und gehe anschließend am Hafen spazieren. Verträumt betrachte ich die alten Segelschiffe. Einfach nur auf die Kraft des Windes vertrauend konnten Menschen damit die ganze Welt bereisen. Die ganze Welt bereise ich mit meinem Fahrrad nicht, dafür ist die Zeit zu knapp, aber auf die Kraft des Windes vertraue ich gerne - wenn es denn Rückenwind ist.

Dienstag, 29. Mai – Wachtelkönig und Deichland

Heute habe ich Rückenwind! Der Weg führt mich an Papenburg vorbei. Ich bestaune die riesige Halle, in der die Meyer-Werft mächtige Kolosse von Kreuzfahrtschiffen baut.
Eine große weite Stille umgibt mich auf der Fahrt mit dem Rad hinter dem Ems-Deich. Nur das weiche Sausen des Fahrtwindes streichelt meine Ohren. Der Rückenwind macht es mir leicht, in die Pedale zu treten.

Auf einer Informationstafel lese ich etwas über eine besondere Vogelart, die hier vorkommt: der Wachtelkönig. Ich erfahre, dass man ihn nur sehr selten zu Gesicht bekommt, aber ihn desto öfter hört. Sein „Crax-Crax" sei weithin zu hören. War da nicht eben so ein Geräusch? „Crax-Crax!" Ja, das muss ein Wachtelkönig gewesen sein, der dort aus dem hohen Gras rief.
Neben dem Weg laufen zwei alte von Rost rote Rohre entlang. Die Rohre werden unterbrochen von riesigen Ventilen, mit denen man wahrscheinlich den Durchfluss von Wasser reguliert. An einer Stelle erheben sich die Rohre senkrecht in die Höhe und knicken nach rechts ab. Auf zwei Säulen getragen bilden sie eine Brücke über den Weg, führen über den Deich und sind nicht mehr zu sehen. Ich will wissen, wohin die Rohre gehen. Ich stelle mein Rad ab und gehe den Deich hinauf. Von oben erkenne ich, wie die Rohre durch sumpfiges Grasland bis hinten ins Wasser der Ems führen. Ich nehme an, dass die Rohre dazu dienen, um Wasser aus tief liegendem Ackerland nach draußen zu pumpen.
Weite Wiesen und endlose Alleen von alten Bäumen begleiten meine Fahrt. Ich bin inzwischen über den Bereich der Radwanderkarten, die ich mitgenommen habe, hinaus und halte in Aschendorf. In einem Zeitschriften- und Lottogeschäft kaufe ich eine Radwanderkarte über die Radroute Dortmund-Ems-Kanal.
Der Weg ist nicht schwer zu finden. Er führt immer neben dem schnurgeraden Kanal entlang auf dem ehemaligen Treidelweg, auf dem die Pferde liefen, die früher die Schiffe mit Leinen vom Ufer aus zogen. An vielen Schleusen komme ich vorbei und an einigen Aussichtstürmen, die es ermöglichen, weit über das flache Land zu sehen. Auf dem Campingplatz Haren schließe ich die heutige Etappe ab. Auf einem abendlichen Spa-

ziergang durch die kleine Stadt bewundere ich die große katholische Kirche, die im Volksmund Emsland-Dom genannt wird. Mich beeindruckt die gewaltige Kuppel, weiß getüncht, im barocken Stil. Der klein wirkende Turm aus rotem Backstein in romanischer Bauweise scheint gar nicht zum übrigen Gebäude zu passen. Zwei Epochen kirchlichen Baustils sind in diesem Gebäude vereint und zeugen davon, dass Kirche sich im Laufe der Zeit verändert und entwickelt, genauso wie die Menschen in ihren Einstellungen und Lebensweisen immer in Veränderung sind. Veränderung ist Zeichen von Lebendigkeit, von Wachsen und Entwicklung.
Auf dem Campingplatz steht mein Zelt an einem kleinen See; das Wasser hat die Farbe von Kaffee mit etwas Milch.

Der „Emsland-Dom“ in Haren

Mittwoch, 30. Mai – Schnurgerade bis zum Teutoburger Wald

Der Tag beginnt bewölkt und kühl. Vielleicht ist die Kühle daran schuld, dass ich mich am Anfang in dem kleinen Ort Emmeln gleich verfahre, weil ich noch nicht richtig warm geworden bin. Eine Frau, der durch kräftiges Nordic-Walking schon warm geworden ist, zeigt mir, wie ich wieder auf den richtigen Fahrradweg, an der Ems entlang, komme. Auf der Weiterfahrt hemmt der Eurohafen meinen Weg; ich muss um ihn herumfahren. Riesige Lagerhallen säumen das Ufer und Hochbehälter stehen da, wie eine Raffinerie sieht es aus. Flussfrachtschiffe sind am Ufer festgemacht, um Ladung zu übernehmen oder abladen zu lassen. Vergeblich suche ich den Eurohafen auf meiner Karte. Der Hafen ist wohl so neu, dass er auf der Karte noch nicht eingezeichnet ist. Der Weg am schnurgeraden Ems-Kanal ist wunderschön mit alten Bäumen gesäumt, deren Äste über dem Weg hängen. Wieder passiere ich viele Schleusen. Große Flussfrachtschiffe kommen mir entgegen oder ich überhole sie, weil sie auf dem Wasser des Kanals langsamer fahren als ich auf dem Fahrrad.
In Meppen verliere ich den Weg. Ich halte eine ältere Frau, die auch auf dem Fahrrad unterwegs ist, an und frage sie nach dem Ems-Radweg nach Lingen. „Ich bin auch eine leidenschaftliche Radfahrerin“, sagt sie, als wollte sie zunächst einmal ihre Kompetenz als Radweg-Führerin bekräftigen. Dann erst erklärt sie mir den Weg: „Sie fahren geradeaus weiter, dann links. Oder: noch schneller kommen Sie zum Radweg, wenn Sie hier über die Kreuzung fahren und dann beim Kreisel weiter.“ Wir stehen bei einer riesigen Kirche und ich suche sie auf meiner Karte, um die Karte mit den örtlichen Gegebenheiten in Übereinstimmung zu bringen. „Ja, das ist

die Vitus-Kirche", informiert mich die Dame. Ich bedanke mich und finde den schnelleren Weg auch ganz schnell. Bei einer Brücke komme ich wieder auf den Radweg nach Lingen.

schnurgerade am Dortmund-Ems-Kanal entlang

Den schnurgeraden Weg begleitet wieder der Dortmund-Ems-Kanal. Über Rheine gelange ich am Nachmittag nach Riesenbeck. Das kleine Dorf liegt am Hang des Teutoburger Waldes, dessen Höhenzüge auf einmal das bisher flache Land begrenzen. Hier will ich übernachten, es ist Zeit, nach einer Schlafmöglichkeit zu suchen. Ich studiere die Gästehaus-Liste am Rathaus und fange an, die Telefonnummern der Liste anzurufen. Das Gästehaus „Am Hermann" hat ein Zimmer für mich frei und ich bin willkommen. Nach einigen Minuten bin ich dort. Eine freundliche Frau zeigt mir die Unterstellmöglichkeit für mein Fahrrad. Wie ich so mein Rad von der Seite anschaue, bin ich überrascht, dass es nicht mehr schwarz ist, sondern hell, es ist ganz mit weißlich-gelbem Staub überzogen. Die Gastgeberin führt mich in mein Zimmer, das klein, aber hell und gemütlich ist. Den benachbarten Aufenthaltsraum und die Küche darf ich mitbenutzen. Ich bin der einzige Urlaubsgast. Am Abend gehe ich durch das Dorf, überquere den Dortmund-Ems-Kanal auf einer kleinen Brücke und steige einen Pfad empor durch dichten Wald. Von einem Aussichtsplatz kann ich weit in das flache Land hineinschauen, das ich heute durchquert hatte. Es wird Abend, die Sonne geht unter; ich kann sie aber nicht sehen, weil dichte Wolken den Himmel bedecken.

Donnerstag, 31. Mai – Schiffe, die über Brücken fahren

Pünktlich um sieben Uhr, wie am Abend vorher verabredet, steht die Wirtin schon am Herd und brät Rührei für mich. Auf dem Tisch um meinen Teller herum stehen so viele leckere Sachen als wäre es ein ganzes Büfett. Ich greife zu und lasse es mir schmecken. Dann bekomme ich sogar noch die lokale Tageszeitung gereicht. Ich fühle mich wie zu Hause. Ich komme mit der Wirtin ins Gespräch über unsere Familien, Kinder, Berufe. Sie erzählt von ihren erwachsenen zwei Töchtern und ihrem Sohn, die schon längst ausgezogen sind. Die ehemaligen Kinderzimmer wurden zu Gästezimmern. „Ich habe das Betreiben der Pension zum Beruf gemacht“, erklärt sie mir stolz. „Am Anfang war es nur ein Hobby, aber jetzt, wo alle Kinder ausgezogen sind und ich alle Zimmer nutzen kann, ist daraus ein Beruf geworden, den ich sehr gerne ausübe. Meine Pension ist sogar vom Allgemeinen Deutschen Fahrradclub

(ADFC) als ‚Bett und Bike' besonders ausgezeichnet worden."
Im Regen startet meine heutige Etappe. Zum Glück ist es nur leichter Nieselregen. Manchmal hört es auf, von oben zu sprühen, dann fängt es wieder an. In einem kleinen Kieswerk ist der Fahrradweg plötzlich zu Ende. Vor mir steht ein riesiger Bagger, der auf Schienen fährt; ich habe wohl wieder einmal ein Schild übersehen. Eine Frau mit einer Kaffeetasse in der Hand steht vor dem Firmengebäude und zeigt mir, wo's lang geht. Ich erhalte eine Fußwäsche: Wasser spritzt von der Seite aus Düsen auf die Straße, um den Staub zu binden. Schnurgerade führt der Weg neben dem Kanal entlang, unter Brücken hindurch, über Brücken hinweg; sogar Schiffe fahren über eine Brücke, die über das Emstal führt, eine Brücke wie eine Wanne voll Wasser. Die alte Kanalbrücke ist nicht mehr in Betrieb, die Schleusenanlagen rosten vor sich hin; sie enthalten kein Wasser mehr. Auf einer Informationstafel erfahre ich, dass diese alte Kanalbrücke im Volksmund „Münsters Badewanne" genannt wird.
Nach der Umfahrung einer Industrieanlage führt mich der Radweg weiter durch kleine Kiefernwäldchen und über weite Kornfelder. Dazwischen stehen große Bauernhöfe mit riesigen Scheunen, die Gebäude aus roten Ziegeln gebaut.
In Coerde, einem Vorort von Münster, verliere ich den Radweg. Auf dem Bürgersteig kommt mir ein Mann entgegen, ich schätze sein Alter auf 80 Jahre, der einen Rollator vor sich her schiebt. Ich frage ihn nach dem Weg zum Dortmund-Ems-Kanal. Er erklärt mir den Weg, dann fällt ihm ein, dass Treppen zu überwinden wären, keine gute Idee bei meinem vollgepackten Rad. Er weiß aus eigener Erfahrung, wie schwer Treppen zu

steigen sind. Da sieht er den Sylt-Aufkleber auf dem Schutzblech meines Hinterrades. Er weist auf seinen Rollator, an dem ein ähnlicher Aufkleber zu sehen ist. „Ich bin auf Sylt geboren", sagt er, „und habe meine Jugend in Kiel verlebt. Wir hatten kürzlich in Kiel ein Klassentreffen geplant, aber es musste leider ausfallen; es gab zu wenige Anmeldungen; viele ehemalige Mitschüler sind krank, etliche auch schon gestorben." Sofort ist ein gegenseitiges Verstehen da, denn ich bin auch in Kiel aufgewachsen.

Ich finde den Weg und erreiche mein nächstes Ziel: Münster. Mir fällt sofort auf, dass in dieser Stadt viel mehr Menschen auf Fahrrädern unterwegs sind als anderswo. In Münster will ich zwei Nächte bleiben, um morgen die Stadt kennen zu lernen. Deshalb suche ich zuerst die Tourist Information. Ich frage ein junges Ehepaar, wo ich das Fremdenverkehrsbüro finde. Sie beschreiben mir den Weg zum neuen Rathaus. Dann schärfen sie mir ein: „Achten Sie auf die Verbotsschilder für Radfahrer in der Fußgängerzone! Die Polizei achtet hier sehr streng darauf, dass das Radfahrverbot eingehalten wird. Passen Sie auf, sonst gibt's Knöllchen!"

Im neuen Rathaus angekommen buche für morgen eine Stadtführung und lasse mir das Wabensystem erklären, das jeden Radfahrer sicher durch das Münsterland lotst und ihn jedes Ziel leicht finden lässt. Mit diesem System kann jeder seine eigene Radtour, je nachdem wie lange er unterwegs sein möchte, planen. In einer Buchhandlung kaufe ich die Radwanderkarten für die weiteren Etappen: Münsterland und Sauerland.

Auf dem Campingplatz, etwas außerhalb der Stadt, fange ich an, mein Zelt aufzubauen. Als das der Platzwart sieht, bittet er mich, doch auf die Wiese nebenan zu gehen, denn diese Wiese sei ab morgen komplett reserviert. Ich raffe also meine Sachen zusammen und suche einen Platz auf dem von Hecken umgebenen Rasen neben dem reservierten Stück. In dem Moment, als ich das Innenzelt auf dem Gras ausgebreitet habe, gibt es einen kräftigen Regenguss. Im Nu füllt sich der Zeltboden mit Wasser und sieht aus wie ein Planschbecken. Ich nehme das Zelt hoch, um so das Wasser auszuschütten. Aus dem aufgebauten Zelt wische ich mit einem Handtuch den Rest Wasser heraus; zwei kleine Pfützen sammeln sich noch; auch die sind schließlich weggewischt.

Freitag, 1. Juni - Festessen und neuer Haarschnitt

Während der Nacht regnet es nicht, aber als ich aufstehe, fängt es wieder an zu tröpfeln. Als ich zum Einkaufen fahren will, gibt es einen kurzen kräftigen Schauer, ich warte ihn ab und fahre los und kaufe zum Mittagessen ein: Gulasch vom Rind und Schwein, eine Paprika, Brot und Teewurst zum Abendessen. Es soll ein kleines Festessen sein, denn heute ist mein Geburtstag!
Auf dem Weg vom Supermarkt zurück zum Campingplatz komme ich an einem kleinen Stand vorbei, aus dem frische Erdbeeren vom benachbarten Feld verkauft werden. Hmmm, frische Erdbeeren, ich liebe Erdbeeren, die sind der richtige Nachtisch für mein Essen. Die Verkäuferin ist ein hübsches junges Mädchen im Alter von etwa 17 Jahren. Sie trägt lange braune Haare und hat dunkelbraune leuchtende Augen. Ihr roter Mund sieht einer Erdbeere zum Verwechseln ähnlich. Die Erdbeeren sind zu jeweils einem Kilo in kleine Kartons verpackt. Ich frage, ob ich auch ein halbes Kilo bekommen könnte. „Nein“, sagt sie, „ich verkaufe nur kiloweise. Sie werden bestimmt ein Kilo schaffen.“ Sie

sagt das lächelnd auf so gewinnende Weise, dass ich nicht widerstehen kann und ein Kilo Erdbeeren nehme.
Wieder zurück an meinem Zelt bereite ich mir mein Mittagessen vor, um es dann später in der Pfanne fertig zu machen, denn vor der Stadtführung um 14 Uhr habe ich noch einen Friseurtermin um 11.30 Uhr. Das kleine Friseurgeschäft befindet sich auf dem Campingplatz neben der Anmeldung. Die ältere Friseurin fragt nach meinen Wünschen. „Ich hätte gerne eine kurze Sommerfrisur, einfach mit der Maschine kurzgeschnitten." „So eine Frisur steht Ihnen gar nicht", widerspricht sie mir. „Ich werde Ihnen eine Frisur machen die mir an Ihnen gefällt!" Ich lasse mich darauf ein und bin gespannt auf das Ergebnis dieser Friseurin, die eigentlich schon im Ruhestand ist, wie sie mir erzählt, und nur noch gelegentlich aushilft. Mal sehen, wie sie ihre jahrelange Erfahrung einbringt. Tatsächlich gefällt mir die Frisur die sie mir schafft. Und später, wieder zu Hause lobt auch meine Frau Jutta meine neue Frisur; ihr gefällt der ganz kurze Maschinen-Bürsten-Schnitt auch nicht so sehr.
Das Mittagessen schmeckt mir sehr gut und die Erdbeeren sind köstlich! Ich esse sie mit Milch und ich schaffe das ganze Kilo, dabei denke ich an den lächelnden Erdbeermund und die strahlenden braunen Augen.
Am Treffpunkt der Stadtführung ist der Stadtführer schon da, ich bin der erste Teilnehmer; dann kommen noch zehn Frauen. Das Wetter ist kühl und regnerisch. Um die Hausecken fegt ein eisiger Wind. Wir kommen zum Rathaus, das dem Bischofssitz gegenüberliegt am Ende einer langen Straße, so dass die Bewohner des Rathauses und des Bischofssitzes Sichtkontakt hatten. „Viel Streit gab es zwischen beiden", erklärt der Stadtführer. Die Stadt Münster sei im Zweiten Weltkrieg fast

vollständig zerstört gewesen. Der Wiederaufbau nach dem Krieg geschah mit den gleichen Naturmaterialien, nämlich Sandstein aus den Baumbergen. Dieser Stein bleibt hell weil er kein Eisen enthält. Wir kommen an der Lambertikirche vorbei und sehen mit Schaudern die drei Eisenkörbe, in denen die hingerichteten protestantischen Wiedertäufer ausgestellt wurden. Während der Reformationszeit besetzten sie Münster und wollten aus der Stadt das Himmlische Jerusalem machen.
Die Lambertikirche war im Mittelalter für das Volk, der Dom für den Bischof. In der Lambertikirche erzählt der Stadtführer von Bischof Galen, der im Zweiten Weltkrieg öffentlich von der Kanzel gegen den Nationalsozialismus predigte. Galen sprach vom „Feind von innen“ im Gegensatz zum „Feind von außen“, für den damals vor allem die Russen gehalten wurden. Der Stadtführer zeigt Bilder von Münster nach den Bombenangriffen. 90 Prozent des imposanten Kirchengebäudes seien zerstört worden. In den Dom selbst können wir nicht gehen, er wird gerade renoviert und ist von einer Bretterwand umschlossen.
Nach der Stadtführung fahre ich mit meinem Fahrrad den Fahrrad-Highway ab. Er wurde um Münster angelegt anstelle der mittelalterlichen Befestigungsgräben. 4,5 km ist er lang. Von ihm aus kommt man schnell an jeden beliebigen Punkt in der Innenstadt. Der Weg ist breit und wird von sehr vielen Radfahrern, Fußgängern, Joggern, Skatern und Segway-Fahrern genutzt.
Als ich am Abend wieder auf dem Campingplatz bin, trifft gerade ein junger Mann ein, der auch mit dem Fahrrad unterwegs ist. Er fährt ein Fitnessbike. Es sieht aus wie ein Rennrad, hat aber einen geraden Lenker. Sein Gepäck führt er in einem Anhänger mit. Während er sein Zelt aufbaut, kommen wir ins Gespräch. Er er-

zählt er sei aus Zwolle in den Niederlanden und wolle nach Berlin. Für den Weg dorthin habe er zwei Wochen veranschlagt; eine Woche möchte er in Berlin bleiben.
Um mich auf den morgigen Tag vorzubereiten, sehe ich mir die Karte an, die Münsterlandkarte mit dem Wabensystem. Das will ich heute Abend noch ausprobieren und den Anfang des Weges für morgen ein Stück zu Fuß gehen. Ich finde einen Wegweiser mit den Wabennummern, die ich fahren muss, der zeigt aber einen Ort in entgegengesetzter Richtung an. Ich gehe weiter und komme an einen anderen Wegweiser. Wieder dieselben Nummern. Wie finde ich jetzt die richtige Richtung? Zwei Frauen kommen des Weges, die ältere bemerkt meinen suchenden Blick und fragt mich, ob sie mir helfen könne und ich erkläre ihr mein Anliegen. Sie sagt, hier müsse ich morgen lang. Ich begleite die beiden Frauen noch ein Stück, es handelt sich wahrscheinlich um die Mutter und ihre etwa achtzehnjährige Tochter. Ja, das habe ich richtig erraten, die Tochter habe gerade ihr Abitur bestanden und beide wollten dieses Ereignis mit einem leckeren Essen in einem Restaurant feiern. Die Frauen erzählen mir viel über die Schönheiten des Münsterlandes. Die vielen Fußwege, Radwege, die oft nicht asphaltiert sind, heißen hier „Pättkes", erfahre ich. Nach einigen Minuten verabschiede ich mich von den beiden und kehre zum Campingplatz zurück. Jetzt weiß ich, wie das erste Stück Radstrecke morgen sein muss und ich mich nicht gleich am Anfang verfahre.

Samstag, 2. Juni – Waben-Navigationssystem und trotzdem verfahren

Heute Morgen nun probiere ich das Wabensystem aus. Das Radwegenetz des Münsterlandes ist in nummerierte Waben eingeteilt. Die auf den Wabengrenzen verlaufenden Wege enthalten die Nummern der beiden angrenzenden Waben. Wer einer Nummer folgt, umrundet eine Wabe und kommt somit automatisch wieder am Ausgangspunkt an. Verschiedene Routen lassen sich in diesem Wabensystem miteinander verbinden und verlängern. Es funktioniert wunderbar. Eigentlich kann man sich überhaupt nicht verfahren. In der weiten, parkähnlichen Landschaft liegen kleine Wäldchen wie Inseln zwischen riesigen Roggen-, Gerste-, Kartoffel- und Maisfeldern. Der Boden ist sandig. Auf einer kleinen Straße fahren Oldtimer-Autos hin und her. Es scheint eine Rallye stattzufinden. Ein altes, wie neu aussehendes Auto, hält. Fahrer und Beifahrer studieren die Karte und diskutieren, wie sie weiterfahren sollen. Ich passiere eine Rallye-Kontrolle und frage zum Spaß, ob ich auch kontrolliert werde. „Sie können gerne auch einen Stempel bekommen“, sagt ein junger Mann. Ich lasse mir ein „DK 4“ in mein Tagebuch drücken. „Was bedeutet das?“ „Durchfahrtkontrolle vier“. In Warendorf schließe ich mein Rad an einen Fahrradständer an und bummle ein wenig durch die wunderschöne City der kleinen Stadt. Bunte alte Häuser mit den Giebeln zur Straße und das hübsche weiß angestrichene Rathaus mit Treppengiebel gefallen mir sehr. Vor jedem Geschäft steht die lebensgroße Figur eines Pferdes, bunt bemalt und mit Werbung für den jeweiligen Laden versehen. Als ich weiterfahren will, weiß ich nicht, wie ich aus der Stadt herausfinde, um weiter in Richtung Beckum zu fahren. Ich spreche einen alten Mann an; er schiebt sein Fahrrad durch die Fußgängerzone wie ich. Er geht mit mir ein Stück, um mir die Straße zu zeigen, die in die Richtung, in die ich fahren will, aus der Innenstadt herausführt. „Aber diese Straße bin ich doch gekommen“, widerspreche ich. Er bleibt dabei, dass ich diese Straße fahren muss und dann über die B 274 und weiter geradeaus. Ich sehe, dass der Mann Recht hat. Ich bin tatsächlich auf einer anderen Straße in den Ort hineingekommen, die dieser sehr ähnlich sieht. Ich setze meinen Weg fort. Die Schilder des Waben-Systems

Wasserschloss Vormholz

finde ich nicht mehr. Jetzt habe ich mich doch verfahren. Die Navi-Funktion meines Handys zeigt mir, wo ich bin. Ich fahre dann aber in die entgegengesetzte Richtung von der, in die ich eigentlich wollte, das stelle ich eine Viertelstunde später fest. Ich suche mir eine andere Strecke, etwas länger als geplant, aber ich will ja das Münsterland kennen lernen. So komme ich zufällig an einem der vielen Wasserschlösser vorbei: Haus Vormholz. Hier wird Reitsport betrieben. Ich beobachte eine junge Frau, die einige Runden mit ihrem wunderschönen, ganz leicht galoppierenden Pferd reitet. Sie grüßt mich freundlich. Nach Beckum nehme ich die Schnellstrecke, den Radweg neben der Bundesstraße. Ich habe Kaffeedurst und suche nach einem Café. Am Marktplatz haben die Cafés geschlossen, nur die italienischen Eisdielen sind geöffnet, an jeder Ecke steht eine. Aber auf Eis habe ich bei der kühlen Luft heute keinen Appetit. Endlich finde ich eine Kaffeebar. Es sind noch einige Reststücke von Kuchen da und ich bestelle einen Apfelkuchen mit Sahne. Ich darf sogar vorher ein Stück probieren. Als ich meinen Kuchen bekomme, bin ich überrascht, dass sogar einige frische Erdbeeren neben der Sahne liegen. Auf Wabensystem habe ich jetzt keine Lust mehr; ich vertraue mich meinem Handy an und lasse es den nächsten Campingplatz suchen: Uertrop, nur zehn Kilometer weiter. Mein Handy führt mich die wenig befahrene B 475 und dann eine kleine Seitenstraße, eine schöne Allee, entlang, an einer alten Mühle vorbei, sie scheint noch in Betrieb zu sein. Hinter den verstaubten Fenstern sehe ich elektrische Messgeräte und Schalttafeln. Diese Mühle scheint wohl jetzt Strom zu erzeugen. Ansonsten sieht sie unbewohnt aus. Die Kulisse des Campingplatzes Uertrop besteht aus einem riesigen RWE-Kraftwerk mit zwei gigantischen Kühltürmen. Die andere Seite des Campingplatzes wird von einer Schallschutzmauer neben der Autobahn begrenzt. Nicht gerade idyllisch dieser Ort, aber trotzdem gibt es hier etliche Dauercamper, die hier ihren Urlaub oder ihren Lebensabend verbringen. Am Abend gehe ich zu Fuß zum nahe gelegenen Autohof. Im dortigen

Restaurant trinke ich ein Glas Wein. Ich bin der einzige Gast.

Sonntag, 3. Juni – Einen Regentag überstehen

Trotz des Rauschens der Autos von der Autobahn schlafe ich gut. Gegen fünf Uhr morgens fängt es an zu regnen. Dieses Geräusch des gleichmäßigen Prasselns auf mein Zeltdach lässt mich noch etwas länger liegen bleiben als sonst. Den Kaffee koche ich im Vorzelt und genieße ihn, während ich im Schlafsack eingepackt bleibe. Meine Hoffnung, der Regen möge doch bald nachlassen, erfüllt sich nicht. Als ich losfahre, ist der Regen noch leicht, aber dann wird er stärker. Die Radwege durch die letzten Waben des Münsterlandes wären bei sonnigem Wetter sicher ein schönerer Genuss. Bei einer Tankstelle halte ich an. Unter ihrem Dach kann ich meine Karte auffalten und das nächste Teilstück in meine durchsichtige Kartentasche hineinschieben. Drinnen bestelle ich einen Kaffee und ein Brötchen und wärme mich etwas auf. Dann überwinde ich mich und gehe wieder hinaus und trete durch den Regen in die Pedale in Richtung Möhnesee. Was soll ich mich heute noch weiter quälen, ich bleibe schon am frühen Nachmittag am Möhnesee und mache Quartier auf einem Campingplatz am Südufer. Ich koche mir ein Essen aus Resten; einkaufen konnte ich heute am Sonntag nicht. Reis mit Brühe, Mohrrüben und Apfelstückchen zusammen gekocht, Zwiebeln mit Curry in Öl angebraten, dann alles zusammen in einen Topf gegeben. Lecker! Fehlt nur das Fleisch, aber warum nicht mal vegetarisch essen. Ich werde jedenfalls satt. Bei der Anmeldung hat mir die Platzwartin das Restaurant „Torhaus“ empfohlen. Nach einem langen Mittagsschlaf gehe ich dorthin zum Kaf-

feetrinken. Ziemlich durchnässt komme ich dort an. Ein riesiges Stück Erdbeerkuchen mit Sahne und eine große Tasse Kaffee wärmen mich wieder auf. Das große Restaurant ist gemütlich eingerichtet mit groben Eichentischen und Dielenbrettern und rustikal gezimmerten Bänken und Stühlen. Überall stehen brennende Kerzen. Draußen ist es ja fast dunkel wegen des trüben Wetters. Langsam wird es jetzt etwas heller draußen, oder war das nur eine Einbildung aus meiner Wunschvorstellung heraus? Am Abend gehe ich noch einmal ins Torhaus auf ein Glas Wein, vor allem aber um mich aufzuwärmen und Tagebuch zu schreiben, das geht nicht so gut mit klammen Fingern.
Als ich zum Campingplatz zurückkomme, streitet sich die Platzwartin lautstark mit einem Campinggast aus England. Die Platzwartin wirft ihm vor, er habe seine Frau geschlagen, wie sie beobachtet hätte, deswegen habe er Platzverbot. Er ist gerade mit dem Auto gekommen und steht nun dort und weiß nicht, was er machen soll. Der Wohnwagen mit seiner Frau steht auf dem Campingplatz. Ich versuche der Platzwartin beim Übersetzen zu helfen; sie kann noch weniger Englisch als ich. Die Frau droht mit der Polizei und am Schluss akzeptiert es der Engländer, draußen zu bleiben und in seinem Auto zu übernachten. Ich biete der Platzwartin an, ihr zu helfen und mich rufen zu dürfen, falls es noch Probleme geben sollte. Zum Glück bleibt alles ruhig.

Montag, 4. Juni – Catch the Giant

Am Morgen regnet es noch. Dann hört es auf. Über dem See liegt dichter Nebel. Kurz nach dem Start komme ich noch einmal am Torhaus vorbei, dann folgt ein kleines Dorf mit einer kleinen Kirche in der Mitte. Ich fahre einmal um die Kirche herum auf der Suche nach dem Weg, der weiterführt. Männer sind dabei, die Kirche für ein Fest zu schmücken, weiße Kreuze säumen den Weg zur Kirche, eine Blumengirlande liegt noch auf dem Rasen, sie wird wohl den Eingang zieren. Ich frage die Männer nach dem Weg und da ist auch der Wegweiser; ich hatte ihn übersehen. Der Weg führt mich durch das Tal der Ruhr, die mir entgegenfließt. Es geht also ständig bergauf, die Steigung ist aber gut zu schaffen.

Trotz großer Aufmerksamkeit sehe ich keine Schilder, die weiter nach Arnsberg weisen. Ich muss mich durchfragen.

Während des Fahrens merke ich beim Schalten auf einmal, dass etwas nicht stimmt. Der rechte Schalthebel lässt sich sehr leicht drücken, aber die Kette bewegt sich nicht über die Ritzel. Ich halte bei einer Bushaltestelle und kontrolliere mein Fahrrad. Ich stelle fest, dass der Schaltzug hinten gerissen ist. Bis ich das repariert habe, muss ich mit den drei Gängen der vorderen Zahnräder auskommen. In jedem Ort halte ich Ausschau nach einem Fahrradgeschäft, um mir einen neuen Schaltzug zu kaufen.

„Ranger“ steht auf einem Schild, das an einem Fahrrad befestigt ist, nein an zwei Rädern, die mir entgegenkommen. Ich rufe den Radfahrern zu: „Gibt es hier in der Nähe ein Fahrradgeschäft? Ich brauche einen neuen Schaltzug.“ Die beiden Männer halten. Im Gespräch erfahre ich, dass sie sich „Ruhrtal-Ranger“ nennen und als solche eine Beschäftigung haben bei der sogenannten NAA, d.h.: „Neue Arbeit Arnsberg e.V.“ „Wir haben eine Fahrradwerkstatt, aber Schaltzüge sind uns zur Zeit ausgegangen; wir haben neue bestellt, die sind aber noch

nicht da.“ Die beiden freundlichen Männer begleiten mich noch etliche Kilometer und helfen mir, den richtigen Weg für die Weiterfahrt zu finden. Beide sind arbeitslos und freuen sich, dass sie wenigstens als Ruhrtal-Ranger eine schöne und abwechslungsreiche Tätigkeit haben und etwas für die Allgemeinheit tun können. Ich jedenfalls habe mich sehr über die ortskundige Begleitung und die Freundlichkeit dieser Männer gefreut. Als ich wieder zu Hause bin, überweise ich eine Spende an den Verein Neue Arbeit Arnsberg, um mich für deren gute Arbeit zu bedanken.
Zwischen Meschede und Bestwig überrascht mich ein Schriftzug mitten auf dem Fahrradweg: „Vorsicht Kunst!“ Ich sehe Figuren aus Holz, zum Beispiel eine Wassernixe, die in einem Fischernetz gefangen ist. Dann ist da ein langes Gedicht auf den Asphalt des Radweges geschrieben. Einen Teil davon kopiere ich mir in mein Notizbuch:

das
Gebirge
hat
seinen
Zackenkranz
abgelegt
und
sich
unter
die
grüne
flatternde
Decke
gestreckt

Das wäre doch wirklich schön, wenn die Berge auf diese Art und Weise den Radfahrern dienen würden, um ihnen die Fahrt zu erleichtern. Endlich radeln ohne Steigungen! Mit einem Elektromotor, der das Radeln unterstützt, wäre das natürlich kein Problem. Ich kaufe mir aber so ein Rad nicht, ich habe den Ehrgeiz, ganz aus eigener Kraft meine Wege zu bezwingen.
Ich finde doch noch ein Fahrradgeschäft, in dem ich einen Schaltzug kaufen kann. Heute Abend, wenn ich eine Bleibe gefunden habe, werde ich ihn einbauen.
Kurz vor Bestwig fängt es sehr stark an zu regnen. Da kommt mir eine Schutzhütte am Wegesrand gerade recht und ich gehe hinein ins Trockene. Immer lauter rauscht der Regen auf das Dach. Gut, dass ich jetzt hier bin und nicht bis auf die Haut durchnässt werde. Ich gucke mir den Wetterbericht im Internet über mein Handy an. Für heute Abend werden 100 % Regenfall-Wahrscheinlichkeit vorhergesagt. Da suche ich mir lieber doch keinen Campingplatz, um nicht noch einmal im Regen zu zelten, nein das muss nicht sein. Als der Regen etwas nachlässt, fahre ich in den Ort und finde Quartier im Gasthof Auerbach. Nachdem ich mich in meinem Gästezimmer eingerichtet habe, gehe ich in die Garage, in der mein Fahrrad steht und versuche, den Schaltzug zu wechseln. Leider gelingt es mir nicht; mir fehlt das passende Werkzeug.
Ich gehe in den Ort, um nach einem Restaurant zu sehen; an einer Imbissbude im Regen will ich nicht stehen, ich komme an einigen vorbei. Endlich finde ich ein Restaurant: „Highway-Man“. Wieder kommt ein kräftiger Regenguss und treibt mich ins Trockene und Warme. Also bleibe ich hier und breche meine Suche nach weiteren Restaurants ab. Im Highway-Man hängen die Wände voll mit amerikanischen Autokennzeichen-

Schildern. Ich bin in einer anderen Welt. Ein Stück USA umgibt mich. Auf der Speisekarte werden Burger in allen Variationen angeboten, dazu verschiedene Arten von Steaks. Man sitzt an hohen Tischen auf hohen Stühlen. Ich habe großen Hunger und bestelle mir das Menü „Catch the Giant". Diesen Riesen bezwinge ich jedoch nicht ganz. Die Riesenportion Hackfleisch steckt in einem Riesenbrötchen; der Burger ist umgeben von massenweise Pommes („French Fries"), Salat, Bohnen, Speck und Ketchup. Ich esse, bis ich satt bin und noch viel mehr und schaffe doch nicht alles.

Dienstag, 5. Juni – Winterstimmung in Winterberg

Über unzählige Brücken führt mich der Radweg durch das malerische Tal der Ruhr. Wenn ich früher das Wort Ruhrgebiet gehört hatte, habe ich mir immer eine Gegend vorgestellt, in der es nur Fabriken mit hohen Schornsteinen gibt, die Luft erfüllt mit Rauch und Lärm. Jetzt fahre ich wirklich durch das Ruhrgebiet und erlebe eine schöne natürliche Landschaft. Je näher ich nach Winterberg komme, desto steiler wird der Weg, manchmal muss ich mein Rad, vor allem wegen der eingeschränkten Gangschaltung, schieben. Viele Radlergruppen kommen mir entgegen. Drei Männer um die 70 Jahre alt, aus Richtung Winterberg radelnd, wollen in Richtung Olsberg weiterfahren. Ich komme gerade von dort und sehe, dass die Herren in Richtung Brilon radeln wollen, weil sie offenbar das Schild übersehen haben. Ich rufe ihnen über die Straßen hinweg zu, dass sie in die andere Richtung müssen und mache sie auf den Wegweiser aufmerksam. Dankend wenden sie und fahren in Richtung Olsberg.

In Winterberg ist es wirklich winterlich kalt, obwohl manchmal die Sonne durchkommt. In einem Café wärme ich mich auf. Der heiße Kaffee tut mir gut und das große Stück Erdbeerkuchen ist lecker. Weiter geht es in rasender Fahrt bergab in Richtung Kahlenberg. Ich muss meine Mütze unter den Helm ziehen und mit warmen Handschuhen meine Finger vor dem eisigen Fahrtwind schützen. Der Weg ist steinig und führt mitten durch den Wald. Plötzlich stehe ich vor einem riesigen Schlammloch, in dem sich der Radweg verliert. Was heißt Loch, es ist vielmehr eine große Schlammfläche; wo ich auf der anderen Seite weiter fahren muss, sehe ich nicht. Neben dem Schlammsee steht ein Lastwagen, an dem sich der Fahrer zu schaffen macht. Ich frage ihn nach dem Weg und wie ich das Schlammloch umfahren kann. „Da können Sie doch gut durch“, meint er. Um es mir zu beweisen, patscht er mit seinen schweren Stiefeln in den Matsch. Tatsächlich, er sinkt nicht tief ein. Dann wage ich es auch. Ich nehme ordentlich Anlauf mit meinem Rad und steuere es mitten durch den Schlamm. Die Räder stehen vielleicht 20 cm unter Wasser. Ich trete weiter; der Untergrund ist teilweise so rutschig, dass mein Rad ins Schlingern kommt; ich sehe mich schon in den Schlamm hinein stürzen und mit Matsch bedeckt wieder aufstehen. Aber ich schaffe es tatsächlich und komme am anderen Ende des Schlammloches an. Etliche Spritzer haben ich, mein Gepäck und mein Rad natürlich abbekommen. Egal, das kann ich später abwischen.

Weiter führt mich der Radweg bergab, vorbei an Skiliften, die jetzt im Sommer stillgelegt sind. Ich stelle mir in meiner Fantasie den Wintersportbetrieb vor, was mir bei der gegenwärtigen Kälte gar nicht schwerfällt.

Über Hallenberg komme ich bei Battenberg an die Eder und radle, der Eder folgend, in Richtung Dodenau. Keine meiner Radkarten deckt diesen Bereich ab und ich schalte das Navi auf meinem Handy ein, um weiterzukommen. Das Navi führt mich allerdings in die Irre, es leitet mich auf eine mit Autos vielbefahrene Straße. Das ist mir zu gefährlich und ich kehre um und suche einen anderen Weg. Auf gut Glück fahre ich einen Radweg entlang, der ungefähr in meiner Richtung liegt und tatsächlich, ich komme in Dodenau an, wo ich einen kleinen Campingplatz finde. Nach der Anmeldung beim freundlichen Platzwart zeigen mir hilfsbereite Jugendliche den Weg zur Zeltwiese. Es ist kalt in der Nacht. Um mich warm zu halten, lege ich meinen zweiten Schlafsack noch als Decke über den ersten Schlafsack.

Mittwoch, 6. Juni – Auf der Jagd nach Wertmarken für die Waschmaschine

Heute folge ich dem Lauf der Wohra. Zunächst scheint noch die Sonne, dann zieht sich der Himmel mit dunklen Wolken zu und es fängt kräftig an zu regnen. Da steht ein Carport ohne Auto, ideal zum Unterstellen und abzuwarten, bis der Regen nachgelassen hat. Zwei Frauen mit Fahrrädern stehen schon unter dem Dach und laden mich ein, dazuzukommen. Nach einem kurzen Gespräch über das Woher und das Wohin hört der Regen auf und ich setze meine heutige Route fort bis zum Campingplatz in Gemünden. Die Rezeption ist nicht besetzt. Ein Zettel an der geschlossenen Tür nennt zwei Adressen, an die ich mich wenden kann, um mich anzumelden. Ich fahre zur ersten hin, ist gar nicht weit, und klingele an der Haustür. Eine freundliche Frau öffnet mir und ich sage ihr meinen Wunsch, auf dem Campingplatzt übernachten zu wollen. „Bauen Sie Ihr Zelt vorn auf der Wiese auf! Ich komme nachher, um zu kassieren“, sagt sie. Ich radle zurück zum Campingplatz. Kaum habe ich mein Zelt aufgeschlagen, fängt es an zu regnen. Trotzdem bringe ich meine schmutzige Wäsche zur Waschmaschine. Um die Maschine in Gang zu bringen, muss ich allerdings bestimmte Wertmarken einwerfen. Ich frage in der Campinggaststätte nach den Marken. Der Wirt hat keine und zeigt mir, wo ich klopfen muss, um welche zu erhalten. Ich klopfe also, aber niemand öffnet. Ich gehe um das Haus herum und drücke dort den Klingelknopf. Ein Mann kommt heraus und er gibt sich als der Bruder der Frau zu erkennen, bei der ich zuerst geklingelt hatte. Er ist ebenso freundlich und verkauft mir die Wertmarken, die ich für die Waschmaschine brauche. Ich hole also meine Wäsche. Während die Maschine läuft, fahre ich in die Stadt zum Einkaufen. Mit einem leckeren Fischfilet fahre ich zurück zum Zelt und bereite mir mein Essen zu. Inzwischen regnet es nicht mehr, aber die Wiese um mein Zelt herum ist ziemlich nass und der Boden aufgeweicht. Das ist nicht gerade gemütlich, aber egal, für eine Nacht muss es gehen, morgen bin ich wieder an einem anderen Ort. In der Nacht ist es wieder ziemlich kühl.

Donnerstag, 7. Juni – Bahnhof ohne Züge

Am Morgen, bei eisiger Kälte, spreche ich mit einer anderen Campingplatzbewohnerin über das Wetter. „Schaltjahr ist Kaltjahr“ erklärt sie die Wetterlage mit einer alten Bauernregel. Das würde bedeuten, der ganze

Sommer würde kalt bleiben. So pessimistisch sehe ich die nächsten Wochen nicht und sage: „Wir beobachten das mal." „Ja, lassen wir uns überraschen", entgegnet sie. Wie einfach es doch ist, mit wenigen Worten ein wenig Optimismus zu wecken!

Auf neuem glatten Asphalt radle ich durch das weite Tal der Wohra. Der Weg ist auf einem ehemaligen Bahndamm angelegt. Das merke ich, als ich am kleinen Bahnhof Ernsthausen vorbeikomme. Das Gebäude der einstigen Haltestelle ist liebevoll restauriert. Davor hat man ein Stück Gleis gelassen und ich stelle mir vor, wie früher die kleine Bimmelbahn hier hielt und die Menschen ein- und ausstiegen. Die Tür des Bahnhofsgebäudes steht offen und ich betrete den Warteraum, der mit Holzbänken ausgestattet ist. Da ist auch der Fahrkartenschalter mit dem Dienstraum dahinter.

Von den das Tal begleitenden Bergen grüßen die Silhouetten der Städtchen Amöneburg und Homberg/Ohm. Das ebenfalls oben gelegene Dorf Schweinsberg ist weithin sichtbar durch seine Burg mit dem monumentalen Treppengiebel.

Am späten Nachmittag komme ich in Grünberg an und baue mein Zelt auf dem Campingplatz auf. Hier, am nördlichen Rand des Vogelsberges bin ich fast wieder zu Hause. Es sind etwa nur noch 50 Kilometer Luftlinie, die ich zu überwinden habe. Werde ich morgen schon wieder daheim sein oder erst übermorgen? Mal sehen, wie verschlungen die Wege sein werden.

Am Abend regnet es etwas, was mich aber nicht davon abhält, noch einen kleinen Spaziergang zu machen. Ich gehe ein Stückchen durch das Brunnental in Richtung Innenstadt. Der Weg führt durch einen grünen Tunnel von dicht gewachsenen Büschen und Bäumen, deren Äste über mir zusammengewachsen scheinen. Sie halten den leichten Regen ab; ich gehe im Trockenen. Bis zur Stadt laufe ich allerdings nicht mehr; ich bin müde vom Rad fahren und kehre zu meinem Zelt zurück.

Freitag, 8. Juni – Suppe und Erdbeeren am Ziel

Nach etwas Regen in der Nacht erwartet mich heute ein schöner Morgen. Mein Zelt packe ich fast trocken ein. In der Stadt herrscht munteres Treiben. Es ist Wochenmarkt. Meine Frau Jutta hatte während meiner Reise Geburtstag und ich möchte ihr ein Geschenk mitbringen. Da ist ein Juweliergeschäft. Ich trete ein und werde sehr freundlich von der Verkäuferin begrüßt. Sie ist mindestens 80 Jahre alt. Ich frage nach Schmuck und beschreibe ihr, wie Jutta aussieht. Sehr verständnisvoll hört sie zu. Sie holt Ware und präsentiert sie mir. Ruhig, besonnen und erfahren klingt das, was sie sagt. Ich finde eine passende Halskette mit Halbedelsteinen, die Jutta bestimmt gefallen wird. Mir selbst möchte ich auch noch nachträglich zu meinem Geburtstag etwas schenken und lasse mir digitale Sportuhren zeigen. Mit denen kenne sie sich aber nicht so gut aus, da wisse ihr Sohn besser Bescheid; der komme aber erst um 11 Uhr. So lange will ich nicht warten. Ich suche mir eine Uhr aus, die wasserdicht ist und eine Stoppuhr-Funktion hat; ich will sie auch beim Schwimmen tragen können, um meine Zeiten beim Triathlon zu messen.
Mein Weg führt mich heute durch die Wetterau, eine flache Hochebene am Rand des Vogelsberges. Weite Wiesen und Felder, auf denen Getreide und Sonnenblumen wachsen, bestimmen die Landschaft. Die Ausschilderung des Limes-Radweges ist schlecht; ich muss mich in jedem Ort durchfragen bis zum nächsten Dorf.

Im Main-Kinzig-Kreis wird die Beschilderung besser, außerdem kenne ich mich immer besser aus, denn der Main-Kinzig-Kreis ist der Kreis, in dem ich zu Hause bin. Es ist wirklich nicht mehr weit; ich werde es heute schaffen, nach Hause zu kommen. Obwohl ich hier schon einige Male beim Rennradtraining gefahren war, lerne ich doch neue Radwege kennen, die gut markiert sind. Da, vertraute Bilder tauchen am Horizont auf: Die Höhen des Taunus, wie ich sie auch von Rodenbach aus sehe; und dort ragen die Kühltürme und die Schornsteine des Staudinger-Kraftwerks in Großkrotzenburg auf.

Römerschwert und -schild am Limes

In schätzungsweise zwei Stunden werde ich zu Hause sein und ich rufe Jutta an, um ihr meine Ankunft anzukündigen. Sie sagt mir, es gebe eine leckere Suppe und einen großen Teller voll selbst gepflückter Erdbeeren mit Milch! Lecker! Schnell weiter!
Vor Marköbel komme ich an den Limes, die äußerste befestigte Grenzlinie der alten Römer. Den Wall kann

man immer noch gut erkennen; an einer Stelle sind die hölzernen Palisaden nachgebaut, wie sie zur Zeit der Römer ausgesehen haben mögen. Der Radweg führt zum Teil auf dem Wall entlang. Die Rekonstruktion eines römischen Wachturmes befindet sich noch im Bau. Die gewaltige Drususeiche am Weg lässt mich staunen über die Kraft des Lebens. Zwischen einigen Bäumen stehen, wie auf einer Marschpause abgelegt, der Schild und das Schwert eines römischen Soldaten aus Holz und in leuchtenden Farben und sehr vergrößert dargestellt. Der historische Lehrpfad wird auch als Naturlehrpfad genutzt. Tafeln bilden Pflanzen und Tiere ab, die in dem alten Wald vorkommen und laden zum Beobachten und Bestimmen ein. Es gibt so viel zu sehen und zu fotografieren, dass ich die Suppe und die Erdbeeren ganz vergesse. Schließlich komme ich zu Hause an, eine halbe Stunde später als vorhergesagt. Ich schließe Jutta in meine Arme und bei Suppe und Erdbeeren fange ich an, von meinen Reiseerlebnissen zu erzählen.

Fahr' vorsichtig!

ein Nachwort

Sieben kleine Reisen habe ich in diesen meinen Tagebüchern beschrieben, Reisen, die meinem Traum von der Reise mit dem Fahrrad um die Welt einerseits neue Nahrung gaben, andererseits diesen Traum aber auch schon ein Stückchen erfüllt haben. Vielleicht ist der Leser, die Leserin angeregt worden, selbst zu träumen und schon bald anzufangen, eine kleine Tour mit dem Rad zu unternehmen. Große Träume fangen klein an,

Wirklichkeit zu werden. Wichtig ist nur, die Sinne zu öffnen für die gegenwärtigen Begegnungen, für das, was jetzt meinen Weg kreuzt und zu einem unvergesslichen Erlebnis wird. Also, dann: Gute Reise – und: Fahr' vorsichtig!

Weitere Bücher von Henning Schröder,
Bücher, die Wege erzählen

Henning Schröder

Salz und Licht

Kleine Geschichten, die
würzen
und erhellen

ISBN 978-3-8423-3667-4
Paperback, 100 Seiten,
20 Farb-Fotos,
9,80 Euro

Die kleinen Geschichten dieser Sammlung, Märchen, Fabeln und Alltagsbegebenheiten, wollen wie das Salz in der Suppe des Alltags sein und wie das helle Licht zu neuen Erkenntnissen führen. Sie ermutigen und stiften zu Verhaltensänderungen an.
Da erzählt eine alte Wanduhr aus ihrem Leben und macht dem Leser bewusst, was Zeit und Ewigkeit bedeuten.
Zwei Autofahrer geraten in Streit über weggeworfenen Müll. Welche Möglichkeiten des Verhaltens gibt es?
Ein gefangener Vogel entdeckt die Kraft der Hoffnung und damit einen Weg in die Freiheit.

Henning Schröder

**sehr früh,
als die Sonne
aufging**

12 Botschaften der
Osternacht
in Wort und Bild

ISBN 978-3739210957
Hardcover, 100 Seiten,
gebunden, Farbfotos
19,99 Euro

E-Book 7,99 Euro

Von der großen Osterkerze ausgehend gibt einer dem anderen das Licht weiter. Es wird hell in der Kirche. Von draußen dringt der Gesang der Amseln in die Stille des Kirchenschiffes. Die Osternacht ist für den Autor dieses Büchleins, Henning Schröder, der Höhepunkt des gottesdienstlichen Lebens im Verlauf des Kirchenjahres. Er ist evangelischer Pfarrer und für ihn ist es wichtig, dass zum gesprochenen Wort das anschauliche Bild hinzukommt. So gestaltet er zum Bibeltext, über den er predigt, ein Bild in Wachs auf der Osterkerze; manchmal auch zusammen mit Konfirmanden oder Jugendlichen. Zwölf Predigten und die dazugehörigen Bilder sind in diesem Band gesammelt.

Henning Schröder

Du zeigst mir den Weg zum Leben

Tagebuch einer
Pilgerreise
mit dem Fahrrad
nach Taizé

ISBN 978-3748132363
Paperback 140 Seiten,
Farb- und Schwarz-
Weiß-Fotos, 9,80 Euro

E-Book 3,99 Euro

Henning Schröder kommt nach zehn Tagen Rad fahren in Taizé an und lebt dort eine Woche lang zusammen mit den Brüdern und den vielen Gästen aus aller Welt. Er beschreibt den Weg dorthin, die Zeit in Taizé und die Reise von dort weiter bis nach Konstanz und zurück in den Alltag.

www.henning-schroeder.net

Fotos:
Seite 4: Manuel Schröder
Alle anderen: Henning Schröder